Salut

En couverture :
Lors de la réception de Simone Veil à l'Académie française, quai de Conti, le 18 mars 2010 (DR/collection privée)

Pour toute information sur les nouveautés, les ouvrages et les auteurs, consultez notre site :
www.editions-alphee.com

ISBN : 978-2-7538-0638-2

Antoine Veil

Salut

Avec la collaboration
d'Emmanuel Galiero

ALPHÉE

Du même auteur

Un Français comme les autres, entretiens avec l'ancien Président du Conseil Antoine Pinay, Belfond, 1984.
La Mémoire Longue, Plon, 1991.
Les Années de Sable, Flammarion, 1994.
Comédie Française, Plon, 1997.

Pour Nico

1

Puisqu'il faut bien un préambule

Un temps, j'ai balancé à choisir l'intitulé de cet essai. J'étais tenté par une apostrophe lapidaire, reflet de l'âge et de la distanciation « Vieux con », ce cri du cœur que, l'âge venant, chacun se décerne de plus en plus volontiers, fût-ce dans le secret de son isoloir personnel. C'eut été d'heureuse actualité sémantique, « tendance », dit-on. En fin de compte, j'ai préféré un titre moins racoleur, au détriment éventuel du tirage : *Salut*

Mon éditeur avait certes insisté pour que je privilégie un intitulé sans doute plus gouleyant, « le mari de Simone », par exemple, mais le proxénétisme n'a jamais été ma tasse de thé. Je m'étais bien demandé si la suggestion de l'éditeur, toutes choses égales, m'aurait aidé à m'évader du cercle maudit des auteurs confidentiels, où j'ai jusqu'alors élu domicile. Réflexion faite, par souci de réserve ou crainte d'exhibition, je m'en suis tenu à mon choix personnel.

Pour autant, cette décision ne clôt pas le débat. Il est clair qu'au fil des quelques ouvrages que j'ai commis, et publiés en catimini, je n'ai à aucun moment fait référence à Simone, sauf peut-être, subrepticement, au rembuché du décor de l'« affaire Bousquet »[1].

Comment pourrais-je cependant mener à terme cet itinéraire de plume – je n'ose parler d'un parcours littéraire – en laissant dans l'ombre la référence majeure d'intime complicité qui a dominé mon existence depuis quasiment… deux tiers de siècle, avec cette personnalité emblématique d'exception ? Grâce lui soit ainsi rendue, dans cette ultime étape, de bien vouloir m'accompagner à visage découvert, au fil de ce post-scriptum de l'existence.

Salut donc.

Salut, marqué du double sens que certains mots portent en sautoir, ce terme n'est entré dans ma vie que récemment. Il est vrai que, naguère encore, dans une acception unique, il ne se référait qu'à la sauvegarde de l'âme. C'est dire qu'il intéressait peu l'inoxydable agnostique que je confesse n'avoir jamais cessé d'être. Au fil des récentes années, j'ai perçu que les jeunes générations recouraient à ce mot, en substitut indifférencié du Bonjour et de l'Au revoir usuels, et j'avoue avoir cédé à cette mode

1. Il s'agit de l'émotion créée par le rappel, pour moi la révélation, fin 1978, qu'un administrateur de sociétés BCBG, René Bousquet, n'était autre que, quelques décennies plus tôt, le secrétaire général de la police de Vichy, interlocuteur direct des autorités allemandes dans la traque des Juifs en 1942 et 1943.

verbale, peut-être inspirée du « hi » en vigueur aux États-Unis, et qui présente l'avantage d'être à la fois, dans le monde anglo-saxon, la clé d'entrée et celle de sortie de tout échange de propos.

Je laisse au lecteur qui aura commis l'imprudence de s'aventurer dans ce parcours en navette entre la mémoire et l'intuition le loisir d'interpréter à sa guise le titre que j'ai ainsi retenu, soit qu'il y perçoive les prolégomènes d'un éloignement de l'auteur, au soir de l'existence, soit qu'il y trouve le regret inavoué de n'avoir pas rencontré d'autre Foi que celle que j'ai reçue et cultivée en l'être humain, capable de commettre le pire, mais aussi de faire progresser l'espèce. Je n'ai jamais éliminé toute perplexité à la pensée que Mozart et Hitler étaient nés à quelques encablures l'un de l'autre, la soixantaine de kilomètres environ qui séparent Braunau de Salzburg.

Au surplus, comment passer sous silence que j'ai toujours eu le goût de la litote et de la synthèse. Si loin que s'enracinent les souvenirs évanescents d'une enfance lorraine, rurale, protégée par un milieu familial bourgeois, dans un environnement de retenue, il me revient que les éclats de voix n'étaient pas de mise, et que le non-dit avait largement droit de cité. Je ne me rappelle pas avoir entendu mon père ou ma mère élever le ton, fût-ce pour me faire grief d'un carnet de notes déficientes. L'économie des mots est un autre penchant auquel je succombe volontiers. Le dessin me fascine et, à la limite, je tiendrais volontiers

Jean Plantu pour le meilleur chroniqueur de notre microcosme politique[2].

Cette réserve dans l'expression, héritée d'un passé qui s'éloigne, serait-elle devenue un handicap, amplifié au fil de l'explosion du verbiage et du fracas médiatiques ? Je n'en suis pas certain et, quoi qu'il en soit, il n'est plus temps pour moi de changer de registre. Du reste, la pratique du *mezza voce* n'induit en rien, ni la règle du silence, ni la langue de bois. Il n'y a donc pas lieu d'y déroger, et les décibels du son comme les arabesques de l'écriture n'apportent rien à la mise en question des stéréotypes.

Voici pourtant qu'en ce début du troisième millénaire, la perception du monde a pris, tout à coup, l'allure d'un opaque rébus. Alors que, depuis la fin de la seconde guerre mondiale et jusqu'à la chute du mur de Berlin, on pouvait, d'un bout à l'autre de la planète, se conforter de certitudes et d'anticipations rituelles assez précises, sinon rassurantes, le ciel s'est à nouveau couvert, tandis que la prévision météorologique est devenue si contrastée et si incertaine que chacun est tenté d'y privilégier le reflet, soit de son propre optimisme, soit de sa propension à annoncer des catastrophes.

Dans ce contexte, la vocation de ces lignes se limite, d'abord pour le confort personnel de son

2. Je lui sais gré de m'avoir autorisé à reproduire, en annexe I, une saisissante illustration de la chaleureuse relation des Israéliens et Palestiniens, constante politique majeure de notre époque.

auteur, à l'âge où le souci des « vérités de l'écriture », disait Chateaubriand[3], l'emporte sur les ambitions, peut-être aussi pour ceux qui auront la faiblesse ou la curiosité de les parcourir, à tenter d'esquisser quelques clés de lecture, à demi-mot donc et, dans une atmosphère alourdie, à demi-maux, mais après tout, il n'est pas nécessaire de forcer le trait pour tenter, en explorant les idées reçues, de décrypter, dans une Europe fragile et un monde antinomique, une France en apnée.

Apnée, voilà bien le terme qui épouse ce que j'ai ressenti, au fil des trois dernières décennies, apnée, ce substantif hérité du grec, actualisé au fil des exploits de la plongée sous-marine, et qui se réfère à une suspension de la respiration. Dans un monde qui n'a cessé de bouger, dans une Europe qui se cherche, notre pays, jusqu'à l'élection de Nicolas Sarkozy, a paru frappé par une sorte de paralysie, sinon dans l'expression et l'affichage, en tout cas dans les comportements. Le fameux « modèle social français », dont nos porte-parole n'ont cessé de vanter les mérites, comme s'ils cherchaient eux-mêmes à s'en convaincre, me paraît ainsi, par exemple, prisonnier de la contradiction entre les forces vives considérables que recèle notre pays et l'ardent immobilisme qui a longtemps envahi l'État comme, plus généralement, la sphère publique et, pourquoi le nier, la « société civile », comme on dit. En période de crise, on

3. Chateaubriand, dont j'ai porté le parcours à la télévision, avec l'espoir que l'image inciterait à la lecture des *Mémoires d'outre-tombe*, ce monument trop peu visité par les jeunes générations.

est certes heureux que ce « modèle social » serve d'amortisseur aux déchirements du marché de l'emploi, à la charge des générations futures ou de nos partenaires de la zone euro. Pour autant, il ne sécurise pas la sérénité sociale du pays et, par voie de conséquence, ne contribue pas à sauvegarder la paix civile.

2

La guerre civile

Autant qu'il m'en souvienne, la crainte de la guerre civile m'a toujours occupé l'esprit. J'avais dix ans lorsqu'éclata en Espagne le soulèvement du franquisme contre la République et les événements sanglants qu'il entraîna. Faute d'une télévision qui n'existait pas encore, les quelques images d'atrocités que véhiculaient la presse ou les actualités du cinéma suffisaient à obséder les enfants de l'époque.

Pour ce qui me concerne, et non sans paradoxe, au fond de ma Lorraine, je crois bien avoir été plus marqué, à cette époque, par la guerre d'Espagne que par les signes avant-coureurs d'un nouveau conflit franco-allemand, qui paraissait pourtant inévitable. Après tout, la guerre de 1870, puis la Première Guerre mondiale, « celle que j'préfère », chantait Brassens, avaient créé une sorte d'accoutumance à un va-et-vient récurrent, qui faisait percevoir la perspective d'une nouvelle empoignade comme une évidence jurisprudentielle. Deux fois en un demi-siècle, mon village avait bien été détruit et occupé, et les grandes personnes s'affairaient à nous convaincre de l'invincibilité de l'armée française, tandis que le Front populaire et les occupations d'usines tenaient le devant de la scène.

Le conflit qui en même temps déchirait l'Espagne était autrement angoissant, lourd, si j'osais ce néologisme, de « fratricitude ». Il évoquait chez un lycéen en culottes courtes les chapitres terrifiants de nos manuels d'histoire, les guerres de religion, les dragonnades, la Terreur – dont le T majuscule n'est pas usurpé, n'en déplaise à l'École historique qui n'a cessé de préférer Robespierre à Condorcet – la guerre de Vendée, l'affaire Dreyfus, les journées chaudes de février 1934. Bref, la crainte de la guerre civile, sous toutes ses formes, s'est installée très tôt dans ma tête, telle une menace majeure, lancinante, permanente, plus redoutable encore que les règlements de comptes internationaux les plus sanglants. En moins de trois ans, la guerre civile d'Espagne, a-t-on appris plus tard, allait du reste entraîner un bon million de victimes, soit 5 % de la population de l'époque, pourcentage plus élevé que celui du bain de sang franco-allemand de 14-18. J'ai conservé en mémoire la vision de ce chaos, l'été 39, perçue en contemplant à Genève, où les Espagnols avaient mis à l'écart de tout risque les chefs-d'œuvre du Prado, le *Guernica* de Picasso, tableau saisissant, même s'il n'avait pas encore acquis la consécration symbolique devenue la sienne.

Cette hantise de Français tirant sur d'autres Français ne m'a plus quitté, alimentée de loin en loin par des actualités successives. Je n'y compte guère, bien entendu, l'effondrement de juin 1940, puisqu'à cette date, il faut bien admettre qu'à quelques isolés près, qui derrière de Gaulle, sauvaient l'honneur du pays, l'ensemble de la population s'était rassemblé dans un « lâche soulagement » sous le képi étoilé d'un maréchal de France hors d'âge et d'usage[4]. Il faudrait, en revanche, pérenniser le souvenir de ces semaines de l'automne 1944, où, très vite après l'enthousiasme œcuménique de la libération de Paris, la subversion communiste, à Limoges notamment, à Toulouse aussi, ici et là encore, dans une atmosphère glauque de règlements de comptes, menaçait la France de nouveaux déchirements.

Sans doute ces menaces insurrectionnelles expliquent-elles le soin mis par de Gaulle, dans ce contexte, à privilégier au plus vite la continuité de l'État, au prix d'une épuration finalement épidermique de la haute administration de Vichy. Le cas de fonctionnaires d'autorité tels que Maurice Papon, ayant donné des gages à la résistance, sans pour autant compromettre jusqu'à l'été 1944 un parcours professionnel gratifiant, ne fut pas isolé. Je n'ai pas compris, pour autant, que plus tard, venu le temps de la sérénité, les héritiers

4. « Derrière » de Gaulle, avais-je écrit machinalement. Au moment où Simone, succédant à Pierre Messmer au 13e fauteuil de l'Académie Française, a rendu hommage au « héros de Bir Hakeim », j'ai réalisé que celui-ci, avec son camarade Jean Simon, n'avait pas attendu l'appel du 18 juin pour tourner le dos, dès le 17, à la capitulation.

du gaullisme n'aient pas eu à cœur de graver dans le marbre de l'Histoire les mérites et les torts de chacun. Je repense ainsi, parfois, à Fernand Bonnier de la Chapelle, le garçon de vingt ans qui rendit à la France un immense service en tirant sur Darlan, à Alger, à la veille de Noël 1942. Dans la foulée, les généraux en place le firent fusiller, et il ne fut jamais réhabilité qu'à la sauvette. Je me suis souvent dit que s'il n'avait pas commis ce que de Gaulle lui-même qualifia d'« exécution », et non d'assassinat, tout permet de penser qu'on était à la veille d'un accord Darlan-Eisenhower qui eut marginalisé l'homme du 18 juin, légitimé Pétain et donné à la France, à la Libération, bien piètre figure. Moi qui ne suis pas regardé comme d'obédience « gaulliste » dans la sphère politique, je ne me suis pas consolé de n'avoir, sur ce sujet, rien obtenu des gardiens de la flamme du « mayflower gaullien ». Un coup de projecteur sur l'acte héroïque de Fernand Bonnier de la Chapelle ne serait pas de trop. Il est dommage qu'il n'ait pas été donné. À tout moment, il pourrait encore l'être.

Moins de trois ans après la fin de la guerre, après que de Gaulle eut quitté le pouvoir, après que Ramadier ait eu le courage d'expulser les communistes du gouvernement, les grèves insurrectionnelles d'octobre et novembre 1947 ébranlaient la IVe République. J'ai assisté, à l'époque, jeune attaché parlementaire, à un vif débat entre Pierre-Henri Teitgen, ministre des forces armées, et Jules Moch, son collègue de l'intérieur, sur l'opportunité d'une intervention de la troupe pour évacuer le Palais Bourbon en délogeant de la tribune un groupe de députés communistes qui occupaient les lieux. Je crois me rappeler que le socialiste était plus favorable à l'intervention de la force armée que le démocrate-chrétien. Pendant leur discussion, le polytechnicien qu'était Jules Moch griffonnait machinalement quelques équations, sous l'œil terrifié du président de l'Assemblée Nationale, Édouard Herriot, podagre en chaise roulante. La guerre civile n'était pas loin.

Dix ans plus tard, la IVe République, malmenée sous les coups croisés du parti communiste et des prétendants à l'héritage du gaullisme, échouait à régler l'affaire algérienne, et le retour au pouvoir de Charles de Gaulle, à travers un rabibochage institutionnel, parvenait, difficilement, à éviter que les « événements d'Alger » ne mettent à nouveau en danger la paix civile, menacée pendant plusieurs années par le processus d'accession à l'indépendance de l'Algérie.

Depuis lors, un consensus relatif s'est progressivement enraciné, traversé par les événements de mai 1968[5], autour d'un *modus operandi* institutionnel hybride, flottant, où derrière une vitrine de parlementarisme jusqu'ici en trompe l'œil, l'élection au suffrage universel d'un président détenteur de tous les pouvoirs, aux parenthèses près de cohabitation, a pérennisé un « centralisme

5. Événements qu'à l'époque, Raymond Aron avait qualifiés de psychodrame, terme qui paraît aujourd'hui réducteur, tant il est vrai que l'effervescence de 1968 était, comme les pâtes alimentaires, à sucres lents.

démocratique », comme on disait du temps de l'URSS, dépourvu des contre-feux traditionnellement regardés comme indispensables à l'hygiène et à la respiration d'une authentique démocratie. Qu'il s'agisse du rôle respectif du Président de la République et du Premier Ministre, comme de la frontière entre la loi et le règlement, on a pris le pli de naviguer très loin de la lettre des articles 20 et 21, 34 et 37 de la Constitution, et le Conseil Constitutionnel, pas plus que l'opinion, n'a paru y voir malice. Un temps, plusieurs prétendants ont fait campagne sur le thème de la dissonance majeure entre la règle parlementaire et la pratique présidentielle. Montré du doigt, tour à tour, par Giscard, critiquant l'« exercice solitaire du pouvoir », puis par Mitterrand, dénonçant « le coup d'État permanent », le système s'est pérennisé, et même progressivement renforcé, l'un puis l'autre, une fois élus, en ayant apprécié le confort. L'opinion s'est faite, peu à peu, à ce flou artistique, et le radiotrottoir, les sondages et le blog ont progressivement relayé, au rayon des garanties démocratiques, la stricte observation des dispositions de la Constitution.

Au nom de la prééminence de l'exécutif, le pouvoir s'est ainsi trouvé successivement monopolisé, sauf parenthèses de cohabitation, longtemps par la droite, puis par la gauche, et de nouveau par la droite, l'appareil d'État étant de plus en plus tenu dans les seules mains du Président de la République. Certes, les libertés publiques n'ont jamais été menacées, mais le sentiment prévaut, cinquante ans plus tard, que la feuille de route de l'État, dont la « flexibilité » dit-on, recueille peu ou prou un consensus empreint de plus d'indifférence que de conviction, encadre mal l'évolution et les coups de grisou de l'opinion, sans pour autant avoir trouvé les voies et moyens d'acheminer le pays vers son seul avenir possible, l'Europe.

Entre-temps, la décentralisation n'a guère fait contrepoids à l'hyperprésidentialisation. Certes, les exécutifs régionaux, quasiment tous aujourd'hui en opposition avec la majorité nationale, devraient constituer un contre-pouvoir efficace, une sorte de cohabitation verticale. Il n'en est rien. Engoncées dans un mille-feuilles de structures accumulées, dont les compétences se marchent sur les pieds, les régions sont anesthésiées dans un permanent bras de fer financier avec l'État, qui leur a transféré plus de responsabilités que de moyens de les exercer. Bref, la paix civile demeure fragile, même lorsque l'apartheid n'enflamme pas nos banlieues, et la morosité ambiante est largement due au sentiment de précarité et d'anxiété qui a sournoisement envahi toutes les classes de la société et que les médias, pour câliner l'audience, cultivent avec le plus grand soin.

Il faut tenter de décrypter les ingrédients de ce malaise, dont l'explosion est porteuse de violences. Il le faut d'autant plus qu'on voit bien, au gré de l'actualité, que la violence ne prévient pas. Mona Ozouf a qualifié la mort de « tireur embusqué ». On pourrait appliquer la formule à la violence collective. Au fil de l'histoire, les exemples abondent. C'est Louis XVI qui note dans son journal, le matin même de la prise de la Bastille, « aujourd'hui, rien ». C'est Pierre Viansson-Ponté qui, peu avant le 13 mai 1968, constate dans *Le Monde* que « la France s'ennuie ». Aujourd'hui, ce sont les banlieues qui explosent sans préavis, telles des mines à retardement.

La page du bras de fer entre la métropole et les colonies a certes été tournée, mais le sentiment demeure que la problématique de l'intégration, au sein de l'hexagone, émaillée de tensions et de violences dans les zones de non-droit des banlieues, entretient, avec une virtualité permanente de guerre civile, illustrée d'incendies imprévisibles dans leur déclenchement et dans leur ampleur, une sorte de relation de type colonial, non sans un arrière-goût de ghetto, à l'intérieur même du territoire. C'est là que s'est créée et que s'enracine dans notre hexagone la « fracture sociale », clairement identifiée, non réduite pour autant. C'est là que se situe le cancer majeur des sociétés démocratiques occidentales, la menace principale qui plane à tout instant sur la paix civile, et ce phénomène est peut-être plus net chez nous que chez nos voisins. En même temps, dans les confettis de notre outre-mer s'est enraciné un état chronique de sous-développement soigneusement protégé par quelques familles régnantes.

À l'automne 2005, après la flambée de violences qui ravagea quelques « quartiers » de banlieues, je me mis en tête de regarder d'un peu plus près cette problématique des « jeunes à la galère », dont tout le monde connaît les ingrédients, et qui me paraît constituer le noyau dur, toujours explosif, de ce phénomène de l'exclusion où je continue de percevoir un risque permanent de guerre civile. Il s'agit de garçons et de filles qui, au-delà de 16 ans et de toute obligation scolaire, avant 25 ans et le nirvana du RMI ou du RSA, sont en déshérence de tous points de repère, et donc aptes à toutes les dérives. J'avais en mémoire ce que Simone me disait, dix ans plus tôt, à l'époque où, dans le gouvernement d'Édouard Balladur, elle était ministre de la ville. Il lui paraissait que l'accession à l'emploi et la réconciliation avec la société d'une jeunesse en déshérence étaient essentiellement fonction, certes dans le cadre d'une politique nationale, de la qualité et de la vigueur de la gestion locale de proximité. J'avais conservé le même sentiment de mon parcours d'élu local[6].

Avec le concours d'une grande entreprise de travail temporaire, j'ai donc élaboré un scénario de réconciliation sociale et d'accès à l'emploi, dont je me suis aperçu que, dès lors qu'il était contractualisé avec une équipe municipale fortement impliquée, il permet, en quelques mois, de ramener à la société et de conduire à l'emploi quelques dizaines d'adolescents. L'entreprise de travail temporaire fait apport des « tuteurs » en charge de suivre la réinsertion comportementale

6. J'ai siégé au Conseil de Paris de 1971 à 1989, au Conseil régional d'Ile-de-France de 1976 à 1986.

de ces jeunes, à qui elle offre également les emplois auxquels ils peuvent prétendre.

La charge, pour les finances publiques, de ces opérations de sauvetage m'a laissé le sentiment qu'elles pourraient être très opportunément multipliées, à un coût environ quatre fois moindre pour le contribuable, et pour un résultat plus tangible, que le « contrat d'autonomie », cette usine à gaz inspirée de la logique Shadok – pourquoi faire simple quand on peut faire compliqué ? – élaborée par Bercy avec, deux ans plus tard, le médiocre résultat que l'on pouvait prévoir. Quinze ans après que Jacques Chirac ait dénoncé la fracture sociale, celle-ci demeure ainsi une virtualité permanente de guerre civile.

Il en est une autre, qui procède de notre dispositif institutionnel, tel qu'il fonctionne depuis un demi-siècle, au carrefour des textes et de la pratique.

La bipolarisation rigide que pratique ainsi, sans alternatives, la classe politique, depuis la naissance de la Ve République, est systématique et excessive. Elle conduit les modérés de chaque camp, pour cause de second tour, à être trop souvent dans une dépendance électoraliste de leurs extrêmes. Il en est ainsi, à gauche, des sociaux-démocrates, captifs des « gauchistes ». De l'autre côté de l'échiquier, les « libéraux » ne peuvent faire l'impasse sur les voix de l'extrême-droite. Ce strabisme est détestable. Il n'a cessé, en effet, de constituer un frein, d'une part à la consécration de l'économie sociale de marché, d'autre part au progrès de la construction européenne, les deux thèmes sur lesquels communient les modérés de droite et de gauche, tandis qu'ils fissurent chacun des deux blocs.

Constatant ainsi, après l'élection de Mitterrand, voilà trente ans, que les élus de droite et de gauche partageant le credo européen et la foi en l'économie de marché régulée ne se parlaient pas, j'avais créé la discrète coopérative de réflexion que j'ai baptisée du nom de Vauban, personnage dont je me suis toujours senti proche. J'ai observé avec joie que les membres de ce club, les « partageux » à gauche, les « parcimonieux » à droite, paraissaient heureux de se fréquenter là sans pour autant y subir aucune sorte de pression. Au seuil d'un colloque consacré en 1991 à la « modernité de la politique », j'avais tenté de définir la raison d'être de cette « atypique confrérie », ainsi que l'avait qualifiée Henri Nallet (annexe VII). À condition d'y voir un encouragement au dialogue, mais pas au débauchage, même baptisé ouverture, confusion faite cependant par certains – je pense par exemple à Soisson ou à Kouchner – je ne regrette pas d'avoir porté à bout de bras cette structure discrète, que ses membres considéraient comme un efficace amortisseur de conflictualité.

Plus récemment, constatant à la fois que, désormais, tout le monde parlait à tout le monde, mais aussi que la jeune génération politique s'intéressait peu à ce vecteur, peut-être trop marqué de cheveux blancs, j'ai pris du champ, laissant à de plus jeunes le soin de perpétuer un dispositif qui devait s'adapter aux impératifs de l'actualité, et par exemple lutter pour que ne s'effiloche pas l'intimité du couple franco-allemand, vecteur sans alternative de la construction européenne.

Quoi qu'il en soit, pour en revenir au sommet de l'État, où l'on prétend à l'exercice centralisé du pouvoir, et par voie de conséquence à en être tenu pour responsable, c'est vers cette autorité revendiquée qu'il convient de se tourner pour revisiter les causes du paradoxe d'un État antinomique, je veux dire à la fois autocratique, mais aphasique jusqu'au printemps 2007, et qui depuis lors s'efforce, malgré le brouillard, l'activisme et la frénésie, de trouver un régime de croisière équilibré.

3

La présidence, au scanner

« S'il est en ce monde deux choses bien inutiles, ce sont la prostate et la Présidence de la République », a-t-on, je crois, fait dire à Clémenceau. Apocryphe ou non, le propos est en tout cas plausible dans la bouche du Tigre, auquel les parlementaires, au lendemain de la victoire de 1918, avaient préféré Deschanel pour succéder à Poincaré.

La fin peu glorieuse de la IIIe et de la IVe Républiques est volontiers imputée à l'insuffisance des pouvoirs des Présidents de l'époque. C'est à mon sens erreur d'analyse. Laissons la IIIe République. J'étais trop jeune pour juger des causes de la faiblesse récurrente de l'État, confronté à la montée du fascisme et du national-socialisme comme du stalinisme. En revanche, dès 1947, j'ai vécu d'assez près le chemin de croix de la IVe République pour percevoir les causes réelles de la faiblesse de l'État. Ce qui faisait défaut à cette République, ce n'était pas un déficit de bras séculier du Président, mais l'impossibilité, à l'époque, d'adosser l'exécutif gouvernemental à des majorités législatives stables. Cette vulnérabilité était liée à plusieurs circonstances. D'une part, dès son avènement, la IVe République s'était trouvée fragilisée par l'importance d'un Parti Communiste d'obédience stalinienne, inféodé au financement et donc aux directives de Moscou. L'importance du groupe communiste à l'Assemblée Nationale, restreignant le périmètre parlementaire « républicain », obérait le calcul des majorités. Plus tard, en 1954, Pierre Mendès France aura le scrupule et l'honnêteté de défalquer les voix communistes du décompte de la majorité nécessaire à l'approbation des accords de Genève mettant fin à la guerre d'Indochine. D'autre part, dès la création du RPF, sous l'égide du connétable de Colombey, les députés se réclamant du gaullisme avaient donné priorité à tout ce qui pouvait conduire à bloquer le « système ».

Dans ce contexte, le mécanisme des apparentements, c'est-à-dire la prime électorale offerte aux formations républicaines de gouvernement, ne pouvait suffire à compenser les effets de la fragilisation constitutionnelle exploitée en complicité objective par les communistes et les gaullistes.

Soit dit en passant, je ne m'associe pas à l'opprobre dont le système des apparentements a fait l'objet, depuis lors, de la part de tous les bien-pensants et autres professeurs de déontologie électorale. Peut-être eut-il fallu aller plus loin, par exemple avec un scrutin uninominal d'arrondissement à un tour, dispositif certes brutal, mais apte à la constitution de majorités stables. C'était, je crois, l'idée de Michel Debré. L'article 49/3 et la maîtrise de l'ordre du jour des assemblées eussent-ils figuré dans la Constitution de 1946, de même qu'une clause de dissolution automatique en cas de crises à répétition, que celle-ci eut sans doute résisté au choc de la guerre d'Algérie, qui devait lui être fatal. Entre-temps, elle avait permis de reconstruire le pays – certes dans un désordre monétaire permanent – et d'engager la démarche européenne, mérites que les historiens passent trop volontiers sous silence.

La stature de Charles de Gaulle, de retour au pouvoir par le jeu d'un coup d'État aseptisé, pouvait-elle s'accommoder d'un costume de chef de gouvernement, sous la houlette d'un chef d'État façon souverain britannique ? Sans doute pas. Encore que… Encore que si de Gaulle, comme certains l'ont dit, a réellement pensé à une restauration monarchique, ce n'était certainement pas avec l'idée que le Comte de Paris puisse être un jour, après lui, Chef de l'exécutif.

Quoi qu'il en soit, on ne réécrit pas l'Histoire et, de fil en aiguille, voilà que les jeunes générations héritent d'un salmigondis institutionnel hybride, ambigu, peu respectueux des articles 20 et 21 de la Constitution, qui confèrent au Premier Ministre ainsi qu'au gouvernement, et non au Président de la République, des attributions depuis longtemps appréhendées par celui-ci, hors cohabitation, au mépris des textes. L'opinion, au demeurant, ne paraît nullement affectée par cette désinvolture institutionnelle, ce qui authentifie le propos de Roger-Gérard Slama lorsqu'il dénonce la « société d'indifférence ».

Tout cela pour en venir à l'élection du Président au suffrage universel, décidément regardée comme le point d'orgue de la vie politique de notre pays, mais dont on n'oubliera pas que certaines voix s'étaient aventurées, avant l'échéance de 2007, à murmurer qu'après tout, et quelque enracinée qu'elle puisse paraître, elle pourrait bien être porteuse, dans un environnement populiste hypermédiatisé, d'effets plus pervers que bénéfiques.

Pour ma part, je m'étais réjoui de cette remise en question, dont j'aurais souhaité qu'elle prît corps. Dès 1962, Simone et moi avions voté contre le système proposé, avec l'intuition que l'élection du Président au suffrage universel direct conduirait à une monarchisation excessive de nos institutions, en privilégiant les candidatures les plus paroxysmiques. Sans grand mérite, on pouvait anticiper la tentation des gouvernants à court-circuiter ces « gêneurs » que sont les élus et à verser dans l'abus permanent de position dominante.

J'étais hélas en deçà de ce qui s'est produit. La combinaison entre l'élection au suffrage universel d'un Président qui a progressivement accaparé tous les leviers de l'exécutif, l'explosion médiatique, l'annexion de la sphère politique par la technostructure administrative, le tsunami de l'internet, mais aussi la prolifération des sondages, la montée en puissance des groupes de pression, barricadés dans la défense des droits acquis, complaisamment baptisés « acquis sociaux », enfin la menace de la rue, ce cocktail a conduit à un État omniprésent, en tache d'huile, et cependant podagre, flasque, incapable aussi bien d'amener le pays à cesser de vivre au-dessus de ses moyens, qu'à réduire une fracture sociale qui n'a cessé de s'approfondir. Les ingrédients de ce mélange explosif sont clairement identifiés, parfois dénoncés par les plus lucides des politiques. Après quoi, tout échange de vues sur ce sujet s'achève sur le constat partagé que l'élection au suffrage universel du Président de la République est tellement perçue comme la conquête majeure de la démocratie que cette fleur des pois est irréversiblement gravée dans nos institutions.

Je le répète, j'ai longtemps tenu cette élection du Président au suffrage universel pour incompatible avec une lecture parlementaire de notre Constitution. À y regarder de plus près, il eut convenu de nuancer le propos. Dans les cinq autres pays de l'Europe occidentale où le Président est élu au suffrage universel, la Finlande, l'Islande, l'Irlande, l'Autriche, le Portugal, c'est bien le chef de la majorité parlementaire qui dirige l'exécutif, tandis que le Président, comme le souverain dans les huit monarchies européennes[7], toutes parlementaires,

7. La Grande-Bretagne, la Suède, le Danemark, la Norvège, les Pays-Bas, la Belgique, le Luxembourg et l'Espagne.

est caution de la continuité de l'État. Est-ce à dire que ce Président ou ce monarque sont confinés à « l'inauguration des chrysanthèmes » ? Certes pas. On sait le rôle majeur qu'a joué Juan Carlos dans la réconciliation des Espagnols après la mort de Franco. En Belgique, le roi demeure peut-être le seul ciment de l'unité du pays, le seul obstacle au divorce des Wallons et des Flamands. Dans tous ces royaumes, dans toutes ces républiques, tandis que le monarque ou le Président incarne l'unité et la continuité de l'État, le pouvoir exécutif émane de la majorité parlementaire. Cette ventilation des rôles ne paraît pas nuire au bon fonctionnement des pouvoirs publics. En Allemagne et en Italie, à partir d'héritages historiques provinciaux, le Président, élu du Parlement, n'est pas à la tête de l'exécutif, qui procède d'une formation politique majoritaire ou d'une coalition scellée par un pacte de législature. Les difficultés auxquelles Angela Merkel a été et demeure confrontée dans sa démarche ne procèdent ni de l'existence d'un Président fédéral, dont personne ne connaît même le nom, ni du fait qu'elle tire sa légitimité de la majorité du Bundestag.

Notre pays vit ainsi sous une règle du jeu *sui generis*. Depuis un demi-siècle, il est politiquement incongru de constater à haute voix que ce système, loin d'encourager la France à « épouser son temps », a été très longtemps moins efficace que les régimes parlementaires et, sur la durée, antinomique de la sauvegarde de la paix civile. C'est bien pourtant ce que je n'ai cessé de penser. J'observe que, dans toutes les démocraties parlementaires, royaumes ou républiques, le « pouvoir » exécutif est toujours ventilé entre un chef d'État et un chef de gouvernement. Au premier, qui « règne », incombe la représentation de la continuité de l'État, et si nécessaire la fonction d'arbitrage, tandis que le second « gouverne », avec l'appui et sous le contrôle d'une majorité législative. Le premier, héritier ou élu en CDD, représente l'ensemble de la communauté nationale. Le second dirige une majorité, confrontée à une opposition. Le premier est juge, le second est partie. J'ai toujours considéré qu'on ne pouvait être à la fois l'un et l'autre. C'est certes le cas en régime « présidentiel », et principalement aux États-Unis, mais les pouvoirs du Président y sont étroitement encadrés par une série de réels contrepoids, les « checks and balances », qui vont des prérogatives de la Cour Suprême au renouvellement parlementaire à mi-mandat, aux incontournables pouvoirs budgétaires du Congrès, à une décentralisation fédérale au niveau des États, sans équivalent chez nous. Bref, avec des dispositifs et des modalités qui varient d'un pays à l'autre, tous les régimes démocratiques sont fondés sur une authentique séparation des pouvoirs, mieux vaudrait dire sur une ventilation et une interdépendance des pouvoirs.

En France, cette répartition des « feuilles de route », comme on dit désormais, s'est progressivement évaporée depuis un demi-siècle, au profit d'une confusion croissante de tous les pouvoirs dans les mains du Président. Cette évolution s'est faite peu à peu. Annoncée par de Gaulle lui-même, en filigrane de la fameuse conférence de presse de 1964, où il professe que tous les pouvoirs émanent du Président de la République dès lors que celui-ci est élu au suffrage universel direct, amplifiée par l'extension progressive, notamment depuis 1986, du champ des nominations relevant en fin de compte de la seule décision du Président, paradoxalement consolidée depuis 2002 par la réduction à cinq ans de la durée du mandat présidentiel et la concomitance de fait, sinon de droit, des élections présidentielle et législative, la démocratie représentative s'est peu à peu fragilisée, même si elle a repris quelques couleurs au plan du contrôle parlementaire[8].

Au passage, et parce qu'il faut savoir confesser ses erreurs, je pense que Simone et moi avons eu grand tort d'approuver la réforme du quinquennat. Non sans quelque naïveté, nous pensions que la réduction de la durée du mandat présidentiel précédait inéluctablement la suppression de la fonction de Premier Ministre et nous acheminait donc vers ce qu'il est convenu d'appeler le régime présidentiel, le Président étant désormais directement responsable devant l'Assemblée Nationale. Non que ma préférence aille vers ce dispositif, alors que je persiste à croire qu'il n'existe pas

8. Jacques Chirac, longtemps hostile au quinquennat, et s'y étant finalement rallié, Michel Junot lui demanda un jour la raison de cette volteface, à quoi son interlocuteur, interrompu par un appel téléphonique, lui répondit en griffonnant sur un bout de papier : 7 + 7 = 14, tandis que 7 + 5 + 5 = 17 !

d'alternative réelle, dans une démocratie représentative, au régime parlementaire, mais parce que tout vaut mieux que le faux-semblant qui nous régit maintenant depuis quelques décennies.

Dans ce contexte, peut-on imaginer un jour de revenir à l'élection du Président par le Congrès, ou encore par un collège élargi d'élus, à l'instar de l'élection de Charles de Gaulle lui-même en 1958 ? Il serait illusoire de l'espérer, tant l'élection directe au suffrage universel s'est enracinée dans l'opinion. À tout le moins, avant d'aller plus avant dans le détail de cette horlogerie institutionnelle, conviendrait-il de prendre la mesure des facteurs additionnels de fragilité pour la paix civile que comporte le système, et d'explorer les amortisseurs de risques auxquels on pourrait penser.

Sans que je n'entende rien à la psychanalyse, il me paraît clair que l'élection au suffrage universel d'un monarque de plus en plus absolu, j'allais dire d'un autocrate en CDD, ne peut qu'encourager des vocations enracinées qui remontent le plus souvent, chez les candidats, à leur plus lointain passé. Georges Pompidou échappe certes à cette observation. Nombre d'autres activités que la politique l'avaient séduit, de la littérature à la banque, de la poésie à la peinture, et le virus de l'élection présidentielle lui vint tardivement. Il en allait bien autrement de ses trois successeurs. Valéry Giscard d'Estaing, sous l'influence de sa mère, avait caressé, peut-être depuis le berceau l'idée d'accéder à la fonction politique la plus élevée. François Mitterrand, dès les années de guerre, avait développé le goût d'une autorité sans partage. Quant à Jacques Chirac, à trente-cinq ans, il était déjà fasciné par la conquête du pouvoir, et je ne crois pas un instant que son entrée en politique ait été le fruit de la circonstance, même s'il se plaît à prétendre qu'il eut volontiers fait carrière dans la marine marchande.

À l'approche de l'élection de 2007, il était manifeste que les trois principaux candidats, Nicolas Sarkozy, Ségolène Royal, François Bayrou, étaient portés par une ambition personnelle dont les racines psychologiques remontent sans doute à la plus petite enfance. Disons que, chez chacun, on a pu déceler un exceptionnel ingrédient d'opiniâtreté. Cette addiction, ce virus de l'exercice personnel du pouvoir, ne porte pas ceux qui en sont atteints à l'écoute et à la collégialité, qui sont pourtant les composantes incontournables d'un exercice démocratique du pouvoir. L'environnement, autour de Jacques Chirac, de gourous successifs, Pierre Juillet, Marie-France Garaud, Édouard Balladur, Alain Juppé, Dominique de Villepin, ne change rien à l'affaire. L'élection au suffrage universel est une couveuse de vocations individuelles. La durée de l'incubation n'est pas sans conséquences.

Qu'est-ce qu'une vocation, sinon un cocktail intime entre une ambition et un projet ? Le dosage entre l'une et l'autre cisèle le profil personnel de chacun des candidats à la magistrature suprême.

Les circonstances font le reste. L'alchimie des personnages qui, depuis trente ans, ont occupé le devant de la scène a été longuement décortiquée par toutes sortes de biographes de talent. J'en ai retenu quelques points saillants, au titre de cette ventilation entre l'ambition et le projet, l'ambition du pouvoir et le projet pour la France.

C'est ainsi que je n'ai jamais réussi à me convaincre de l'authenticité du « socialisme » de François Mitterrand. Issu d'une bourgeoisie que, certes, il paraissait mépriser, l'ingrédient indispensable de la proximité individuelle, sincère ou de mise, lui faisait défaut, paradoxalement plus qu'à ce patricien qu'avait été Léon Blum. Je l'avais croisé, dans l'été 1945, amené à lui, au MNPGD[9], par André Bettencourt, et j'étais sorti d'une longue conversation avec le sentiment que ce personnage stendhalien ne risquait pas de verser jamais dans le populisme. Sous la IVe République, il avait parfaitement assimilé la nécessité, pour participer au festin du pouvoir, à travers des coalitions de gauche ou de droite, de s'identifier à une formation charnière du centre, en l'occurrence l'UDSR, ce qui lui avait permis de siéger quasiment dans tous les gouvernements. La Ve République venue, avec l'élection du Président au suffrage universel, il comprit qu'il ne pourrait accéder à la présidence que par le truchement d'une formation politique de première grandeur. Le parti socialiste ne fut ainsi pour lui qu'un marchepied propre à saisir et à conserver le pouvoir. La liturgie des

9. Le Mouvement National des Prisonniers de Guerre et Déportés.

110 propositions, cette OPA sur toute la gauche, lui permit de prendre en otage et de réduire à merci le parti communiste, et il demeurera créditeur d'un anticommunisme qui sonnait juste. L'Histoire le gratifiera surtout d'une authentique conviction européenne, je veux dire du sentiment que la France n'a désormais d'avenir que dans le cadre d'une Europe où les souverainetés nationales seront mises en facteur commun. Si Helmut Kohl fut l'artisan principal de l'euro, Mitterrand contribua incontestablement, avec Jacques Delors, à la mise en œuvre de la monnaie européenne. Au débit de son parcours, on retiendra qu'il aura retardé d'au moins une génération l'aggiornamento de la social-démocratie française.

Jacques Chirac, lui, dut patienter plus longtemps encore aux marches du palais, avant la consécration de son élection à la présidence. Est-ce pour cela qu'en accédant à la magistrature suprême, comme on dit, il avait perdu de vue ce qu'avait pu être son « projet » pour la société française ? Encore eut-il fallu qu'il en eût un, ce qu'au-delà des mots je ne crois pas. Comme l'avait dit le père Queuille, expert en radicalisme, il y a du « caméléon chez Jacques Chirac ».

Certes, avant l'élection de 1995, il avait à juste titre montré du doigt la « fracture sociale ». Il n'est pas sans intérêt de retracer le parcours qui, douze ans plus tard, conduisit à constater que celle-ci était plus béante que jamais. La première étape de ce combat, marquée par l'intelligence, l'énergie et la détermination, mais aussi, à l'époque, la brutalité et la maladresse d'Alain Juppé, aussi raide que clairvoyant, conduisit, sans grande surprise, faute de pédagogie préalable, à mettre les Français dans la rue et Jospin à Matignon, pour une parenthèse d'un lustre marqué par le culte de l'État-providence et le contresens majeur des 35 heures. Le miracle de 2002 ayant remis Jacques Chirac aux manettes, on pouvait espérer retrouver le fil de la réforme, cette Arlésienne de la politique française. Il n'en fut rien, ou pas grand-chose, au-delà d'un début d'aménagement des retraites, sous les houlettes des deux premiers ministres du quinquennat, le premier, choisi au rayon des sédatifs, le second, lance-flammes autoproclamé.

À l'automne 2002, sous le coup de l'impatience, j'avais passé les bornes de la convenance en écrivant directement au Président de la République. Il est vrai que je lui porte depuis très longtemps déjà une authentique affection. Pour autant, l'amitié ne saurait occulter la lucidité. Sa réponse me convainquit que l'on n'irait pas très loin dans les voies du retour de la France au consensus social, à la compétitivité économique et à la construction de l'Europe (Annexe II). Cinq ans plus tard, c'est le constat que l'on a pu faire.

Au-delà des pantalonnades de la repentance, qu'il se soit agi de la colonisation ou de l'esclavage, on créditera pourtant Jacques Chirac, au chapitre de la lucidité et du courage, d'une fermeté sans faille à l'égard de tous les racismes, et notamment de sa claire dénonciation de la responsabilité de Vichy dans la partition française de la Shoah. Du discours de 1995 au Vel d'Hiv à la cérémonie du Panthéon célébrant les Justes de France, peu avant la fin de son mandat, Jacques Chirac aura, mieux que ses prédécesseurs, lavé l'honneur de la France. On retiendra aussi, à son crédit, la baisse de la mortalité sur les routes. Ce n'est pas trivial.

Bref, à l'heure des bilans, on concevra que le vécu des dernières décennies ne m'ait pas réconcilié avec l'hégémonie présidentielle, avec le clanisme dont, à gauche et à droite, elle ne s'était jamais départie, verrouillant ainsi l'État, avec l'« absolutisme inefficace », ainsi que l'a fort heureusement qualifiée Jean-François Revel, avec la consécration constitutionnelle du principe de précaution, encouragement venu du sommet de l'État à ce que rien ne bouge, somnifère fâcheux dans un pays déjà enclin à la sieste.

« Les choses étant ce qu'elles sont », comme disait le Général, le sablier du quinquennat nous a cahin-caha menés à l'échéance de 2007, avec nos interrogations institutionnelles demeurées sans réponses, dans une sphère publique engoncée dans le strabisme entre les mots et les actes. Les trois candidats qui ont tenu la vedette dans ce parcours accidenté, grâces leur soient rendues, nous ont aidés, sinon à faire toute la lumière, au moins à soulever un coin du voile, et sans doute à éviter les plus graves périls. Ils avaient un point commun, tous trois tenants d'une heureuse relève de génération. Chacun était porteur de ce mélange entre une ambition et un projet, ces ingrédients majeurs de la vocation.

Si l'ambition, en la circonstance forcenée chez chacun, est un ressort de mouvement souvent très ancien, très enraciné, l'alchimie de cette prédisposition est si inhérente à la personnalité de l'un et de l'autre qu'elle n'autorise guère de commentaires chez l'observateur extérieur. Tout au plus retiendra-t-on, chez Ségolène Royal, la probabilité d'un appétit de revanche sur les hommes de sa proximité, son père peut-être, son compagnon sans doute, les éléphants du parti socialiste très probablement. Dans le cas de François Bayrou, on ne saurait exclure une conviction quasi-mystique, peut-être acquise à l'âge où l'enfant du Béarn vibrait en découvrant à l'école ou au catéchisme les faits d'armes de Jeanne d'Arc et d'Henri IV. Le ciel ne l'aurait-il pas chargé de sauver la France ? Quant à Nicolas Sarkozy, plus prosaïquement, ne s'est-il pas simplement promis de consacrer son exceptionnelle énergie à tirer le pays de l'ankylose progressive à laquelle toutes les générations, la sienne comme la mienne, ont assisté dans la tristesse depuis la fin des trente glorieuses ?

Bien entendu, ce ne sont là qu'hypothèses, qui fleurent bon, dira-t-on, le café du commerce. Après tout, peu importe. La motivation de chacun est affaire personnelle, qu'il lui appartient de gérer dans le miroir de ses ambitions.

Tout autre est évidemment le projet, puisque c'est bien l'offre faite aux électeurs, et qui nous concerne donc tous. La campagne a été à cet égard un surprenant révélateur. Ségolène Royal nous a proposé… ce que nous voulions. Elle s'est délibérément située dans une logique totalement « participative », sans trop se soucier des contradictions et des incohérences d'un accueil ouvert à ce que ses auditeurs successifs, tous électeurs virtuels, la pressaient de leur promettre. On le sait, d'autres avant elle ont promis à leurs interlocuteurs ce qu'ils souhaitaient entendre. La « démocratie participative », comme on dit désormais, naguère confinée aux réunions électorales dans les préaux des écoles, a désormais, portée par la radio, la télévision, internet, le quotidien des sondages, effacé tous les cloisonnements de l'espace et du temps. Il fallait un niveau élevé de naïveté ou de cynisme pour dire aux Français, curieux de connaître le sentiment de la candidate à propos de l'accès de la Turquie à l'Union Européenne « je ferai ce que vous voudrez ». Finalement, je crois bien que c'est le déficit de crédibilité d'un discours pointilliste et d'un parcours à la façon des Guignols de l'info qui a coûté l'élection à Ségolène Royal, en dépit de l'activisme dont elle avait fait preuve.

La démarche de François Bayrou était différente. Lui aussi cherchait certes à faire le plein des mécontentements. Il manquait à son catalogue la vraisemblance de la majorité législative qui lui serait indispensable après son élection. L'addition des frustrations étant ce qu'elle était, je confesse avoir craint le pire, qui eut été sa présence au second tour, et bien évidemment son élection. Le centriste que je n'ai cessé d'être s'est retrouvé quelque quarante ans plus tôt, au printemps de 1969. À l'époque, je m'étais efforcé, en vain, de dissuader Alain Poher, dont j'avais été le collaborateur et dont j'étais l'ami, de se présenter contre Georges Pompidou. J'avais craint qu'il ne fût élu et que, faute d'une majorité à l'Assemblée, la France se trouvât avec lui dans une dangereuse impasse. Quelques années plus tard, fin 1973, j'avais redouté, la détérioration de la santé du Président Pompidou étant manifeste, qu'Alain Poher, toujours Président du Sénat, et donc à nouveau intérimaire virtuel, ne fut tenté par une nouvelle candidature. Lui en faisant la remarque, au cours d'un dîner au Palais du Luxembourg, il avait bien voulu dissiper mes appréhensions (annexe III).

En 2007, la candidature de Bayrou m'a paru risquer de bénéficier d'une conjoncture analogue, et j'ai cru devoir l'écrire (annexe IV). Animateur à l'époque du Club Vauban, précisément créé pour dégeler le dialogue entre élus de droite et de gauche, les uns et les autres militants de l'Europe, je voulais surtout éviter que cette coopérative de réflexion fût, si peu que ce fut, prise en otage ou simplement caution d'une démarche qui, faute de programme et de majorité législative, me paraissait relever de l'aventurisme. Le bon sens des Français a heureusement prévalu.

Nicolas Sarkozy, enfin, présentait un projet ambitieux, mais solide et crédible, tant sur le plan économique et social que sur celui de la problématique européenne. À cet égard, il était le seul à avoir le courage d'affirmer que le retour de la France à la construction de l'Europe, après le référendum catastrophique de mai 2005, ne pouvait être assuré que par la voie parlementaire. On notera, au passage, que ce désastre référendaire était prévisible, pour peu que l'on n'ait pas oublié que l'on avait frôlé le même drame au temps de la ratification du traité de Maastricht, ce dont Jacques Chirac aurait dû se souvenir.

Quoi qu'il en soit, en votant pour Nicolas Sarkozy, c'est-à-dire en faisant choix de préférer l'électrochoc à la guimauve, et cela sans la moindre hésitation, la question de l'avenir institutionnel de notre pays ne laissait pas de me trotter dans la tête. Bien entendu, le sujet n'est pas épuisé. Lui-même avait à surmonter, outre la diabolisation dont il n'a cessé de faire l'objet, deux handicaps majeurs. D'une part, la « rupture » promise n'était pas facile à accréditer, venant de l'un des principaux leaders de la majorité sortante. D'autre part, il lui fallait ramener l'extrême droite à sa plus simple expression, tout comme Mitterrand avait réussi à démanteler le parti communiste. La conviction et le talent lui ont permis, face à ces deux défis, d'emporter l'assentiment de la majorité des Français, dans un scrutin où le taux élevé de la participation a magistralement démenti le propos péremptoire de tous ceux qui affirmaient que nos compatriotes se détournaient désormais du jeu des élections. Les 85 % d'électeurs qui sont allés voter méritent bien que l'on réfléchisse aux raisons pour lesquelles l'élection de Nicolas Sarkozy n'a pas dissipé le malaise institutionnel qui a envahi le pays, et maintenant depuis bien longtemps. Trois ans après son élection, il est encore trop tôt pour porter un jugement sur le bien fondé des aménagements apportés à l'horlogerie institutionnelle, notamment en ce qui concerne l'affirmation de la stature du Parlement.

Je n'ai jamais pensé que Charles de Gaulle ait pu, en quoi que ce soit, dissocier l'exercice du pouvoir du soutien populaire. Bien au contraire, j'ai la conviction que les circonstances exceptionnelles dans lesquelles il s'est trouvé, une première fois à la Libération, une seconde fois en 1958, à la tête du pays, avaient forgé dans son esprit le sentiment que l'exigence de la démocratie impliquait qu'au pouvoir fort auquel il aspirait, « hégémonique » au sens précis de ce terme grec, qui désigne le chef, correspondit un appui populaire incontesté. J'ai toujours pensé qu'à travers le référendum perdu de 1969, il s'était moins soucié de la réforme du Sénat et de la décentralisation que de la confirmation, après les turbulences de 1968, qu'il était toujours en symbiose avec les Français. Entre-temps, les élections législatives consécutives à la dissolution, certes brillamment remportées, dans la contre-embardée de juin, lui avaient sans doute laissé une perplexité sur sa légitimité personnelle.

Quoi qu'il en soit, la pratique institutionnelle qu'il nous laissait, en quittant l'Élysée, était essentiellement fondée sur l'affirmation d'une hégémonie présidentielle légitimée par un soutien populaire sans faille.

Cette construction, plus jurisprudentielle que conforme à la lettre de la Constitution, allait être progressivement mise à mal par les successeurs du Général, dès lors qu'ils perçurent qu'ils pouvaient, sans enfreindre la vulgate, perdre l'appui populaire sans écourter leur mandat. La maladie ne laissa pas à Georges Pompidou le loisir d'expérimenter la cohabitation. En revanche, je crois bien que la première fissure dans l'édifice gaullien doit être datée du discours que Valéry Giscard d'Estaing prononça à Verdun sur le Doubs avant les élections législatives de 1978. Il y avertit l'opinion que si sa majorité venait à être battue, il ne pourrait que terminer un septennat désormais paralysé, et n'évoqua nullement l'hypothèse d'une démission. Du reste, l'avertissement fut sans frais puisque sa majorité emporta finalement l'élection législative. J'ai souvenir de la visite qu'Yves Cannac, alors Secrétaire Général de l'Élysée, rendit à l'époque à Simone. Le Président de la République lui suggérait de ne pas être prise de court s'il devait, après les élections, lui proposer d'être Premier Ministre. Pour peu que cette démarche ait été connue de Raymond Barre, elle n'a certainement pas contribué à faciliter la relation de ces deux-là, déjà fissurée par le zeste d'antisémitisme que le Premier Ministre ne cherchait déjà guère à dissimuler.

Venons-en à 1981 où Mitterrand, sitôt qu'élu, dissout l'Assemblée et, dans la foulée, obtient la majorité dont il a besoin pour s'assurer d'une hégémonie de type « gaullien ». C'est à partir de 1986 que l'on entre dans les méandres d'une cohabitation, approuvée par certains, vitupérée par d'autres, mais qui va s'imposer pendant la moitié, quasiment, des vingt années qui suivirent. Sans doute, aujourd'hui, le quinquennat, assorti de la concomitance entre l'élection du président et celle des députés, sans pour autant interdire l'alternance, met-il le pays à l'abri d'un va-et-vient politique qui, entre-temps, se sera révélé peu favorable à la mise en œuvre chez nous des réformes nécessaires dans toute l'Europe, mais que la plupart de nos partenaires, et notamment l'Allemagne, auront plus vite que nous entreprises et menées à bien.

En fin de compte, je tiens le jeu de cache-cache que nous avons pratiqué pour la cause principale du retard pris par la France. Mitterrand, dès 1983, a pratiqué une politique totalement décalée par rapport au programme qui, deux ans plus tôt, l'avait porté au pouvoir. Chirac, dès l'automne 95, a tourné le dos aux engagements qui l'avaient fait élire, six mois seulement plus tôt. Après l'intermède Jospin, miraculeusement réélu en 2002, il n'a pas mis fin à la désinvolture institutionnelle, antinomique de l'autorité de l'État. Personne n'aura oublié l'épisode paroxysmique du Président annonçant à la fois la promulgation et le gel de la loi créant le CPE[10]. Comment s'étonner, dans ces

10. Contrat de Première Embauche.

conditions, du peu d'intérêt porté par les Français au respect de la loi fondamentale ?

Avec l'élection de Nicolas Sarkozy, une page de ce cheminement institutionnel a été tournée, mais sans doute pas pour solde de tous comptes. En tout état de cause, il convenait de reconstruire l'autorité de l'État, mise à mal depuis trente ans, et sans laquelle il n'est pas de paix civile. La tâche était d'autant plus lourde qu'entre-temps, la démocratie avait changé de visage.

4

La démocratie représentative, ou le désordre participatif

Née dans la tête des philosophes du XVIIIe siècle et sous la plume des Constituants de 1789, la démocratie représentative, d'inspiration française, a dominé le monde libre, en version monarchique ou républicaine, pendant deux siècles.

Représentative, on ne le soulignera jamais assez. Représentative, parce que mise en œuvre par le truchement de l'élection libre de représentants choisis sur un programme et porteurs d'un mandat exercé librement, avec ou sans compte-rendu.

J'y insiste parce que, bonne fille, la démocratie, au siècle dernier, a prêté son nom, volens nolens, à toutes sortes d'avatars, la plus abominable de ces contrefaçons ayant été la démocratie populaire, sans doute la pire dictature de l'Histoire, n'en déplaise aux intellectuels français qui l'ont portée aux nues, derrière tous les Sartre que l'on a connus, et dont nombre d'entre eux, aujourd'hui encore professeurs de morale, n'ont jamais totalement abjuré les scories de Staline et de Mao.

Or voilà que désormais, avec le discrédit de la classe politique, le court-circuit des corps intermédiaires, l'explosion médiatique et la tyrannie de l'immédiat, au mieux du court terme, c'est la démocratie participative qui est de mise. Le citoyen, flatté d'être sollicité à jet continu, n'a sans doute pas exactement réalisé que cette « démocratie » participative, mieux vaudrait dire ce désordre populiste, étouffe et anesthésie la démocratie réelle. Les « jurys populaires » et les « panels citoyens », dont Ségolène Royal avait fait les pochettes surprises de sa campagne, ne sont pas autre chose qu'une version moderne des tricoteuses de Robespierre, une machine à déclencher et nourrir la guerre civile. Ce désordre, puisque c'est bien d'un désordre qu'il s'agit, me paraît procéder de trois ingrédients majeurs, la démagogie, l'impatience, le harcèlement médiatique.

La démagogie est à la politique ce que l'escroquerie est aux actes de commerce. L'une et l'autre sont fondées sur des engagements et des produits dont les fabricants et les revendeurs sont conscients, le plus souvent, qu'ils relèvent de l'illusion. Cependant, alors que l'escroquerie est passible de sanctions pénales, la démagogie s'exerce en toute impunité, sauf bien entendu sanctions électorales. C'est à Jacques Chirac que l'on attribue la paternité du propos sans détour selon lequel « les promesses n'engagent que ceux qui les reçoivent ». Je l'ai moi-même entendu, voilà quelque quarante ans, professer dans un dîner amical que « la démagogie n'a pas de limites ». Bien entendu, c'était une boutade

Je pense souvent à Winston Churchill, moins pour les bons mots qu'on lui prête, authentiques ou apocryphes[11], que parce qu'il incarne à mes yeux le courage politique, antidote de la démagogie et vertu majeure de l'élu, donc du candidat. Non que j'aie jamais attendu de nos dirigeants, depuis la fin de la guerre, qu'ils nous promettent « du sang, de la sueur et des larmes », mais parce que la complaisance, dans un système où le pouvoir procède de l'élection, est en fin de compte la forme extrême du mépris de l'électeur. Comment, après cela, s'étonner du discrédit de la classe politique ? Peut-être Chirac mérite-t-il la circonstance atténuante de l'inconscience, corollaire de la convivialité. Les adversaires de l'intéressé vous parleront de son cynisme. Je préfère croire qu'il ne mesure pas les retombées de ses propos. Toujours est-il qu'érigée en système, administrée à jet continu pendant des décennies, cette pédagogie de la facilité a conduit à désapprendre à toute une nation le goût de l'effort.

Plus généralement, à gauche autant qu'à droite, au centre également, la démagogie des promesses

11. Il en est un que je n'oublie pas : « If the wine had been as old as the chicken, the chicken as young as the maid and the maid as willing as the duchess, the week end would have been great ! »

inconsidérées est la pente naturelle de tous les candidats à une élection, comme l'excès de vitesse sollicite en permanence le conducteur au volant.

On voit bien que ce laxisme est aussi alimenté par l'impatience des électeurs. Mitterrand pouvait bien, il n'y a pas si longtemps, plaider qu'on « laisse du temps au temps ». Le passage du septennat au quinquennat illustre cette fuite en avant, ce harcèlement de l'immédiat, qui s'est emparé de toute la société. Dans le domaine de l'équipement des ménages, comme on dit, comme de la consommation, le développement exponentiel du crédit orchestre l'impatience des besoins. Dans le registre de la politique, c'est bien la préférence pour l'immédiat sur le terme qui explique la pression à laquelle sont soumis les candidats comme les élus.

L'explosion médiatique amplifie cette frénésie. Elle a éliminé les amortisseurs de pulsions, les réducteurs d'embardées que constituaient jusqu'alors le temps et l'espace. Souvenons-nous. Lorsque de Gaulle propose aux Français d'élire directement, pour sept ans, un Président de la République « en charge de l'essentiel », c'est pour conférer à ses successeurs la légitimité que lui-même tient de l'Histoire. À ses interlocuteurs, il explique qu'à partir du moment où le citoyen voit à la télévision le chef de l'État, il ne peut que souhaiter l'élire directement. Paradoxalement, quelle que soit son intuition, il n'anticipe sans doute alors ni l'évolution des médias, au nom de la liberté de la presse, vers une forme d'indépendance confinant à l'irresponsabilité, en tout cas à la gesticulation, ni le désenclavement technologique des systèmes de communication.

Certes, chez nous, à l'époque, la presse est libre, et depuis fort longtemps. Le Canard Enchaîné s'en donne à cœur joie. Le Monde a, dès sa naissance, fin 1944, saisi qu'on ne se pose qu'en s'opposant. Pour autant, l'irrévérence a des limites, naturelles ou suggérées. La radio est encore guindée. La télévision n'est à l'époque qu'un « service public », et Alain Peyrefitte, Ministre de l'Information, se fait tancer par le Général lorsque « ses » journalistes s'aventurent à traverser en dehors des clous.

Il est clair, aujourd'hui, que la règle du jeu a totalement changé, à supposer qu'on puisse encore parler de règle du jeu. Un moment, on a pu penser que la télévision était l'arme absolue. Désormais, Internet lui dispute sa puissance de frappe, dès à présent par l'ordinateur, bientôt par tous les types de récepteurs portables. Il faudrait pouvoir analyser les rapports de forces qui prévalent dans ce monde de la communication. Tout y procède du fait que la publicité en constitue le carburant essentiel. Or la publicité, c'est l'audimat qui en est le vecteur. Dans cette course au chaland, on ne peut manquer de relever la connivence d'intérêts qui lie les journalistes, porteurs et commentateurs de l'information, et les capitaux investis, dont la rémunération est fonction de l'audience capturée par la publicité. Il est vrai que la vocation de journaliste mobilise plus volontiers le goût de l'observation, du commentaire, de la critique surtout, que celui de l'action. Disons qu'il n'attire pas, le plus souvent, les défenseurs de l'ordre établi.

Certes, tous les journalistes ne sont pas trotskistes, mais ceux qui, comme Eric Le Boucher, cultivent « le droit au sérieux opposable » (Annexe V), ne sont pas légion. Très généralement, l'information quotidienne privilégie l'anomalie, qui constitue l'événement, ou simplement l'anecdote, le fait du jour, sur le non-événement qu'est le respect de la norme. L'actualité est parfois porteuse de rayons de soleil, mais plus souvent messagère de catastrophes ou plus simplement d'incidents ou d'accidents de parcours. L'annonce d'un fait divers dramatique, d'une grève dans un établissement d'enseignement, d'une banale anicroche, comme il s'en produit tous les jours, s'impose au journaliste, mais cette chronique des fondrières ponctuelles n'est jamais pondérée. Le goutte à goutte au vinaigre ou au vitriol qu'elle verse au jour le jour sur l'opinion fait évidemment le lit d'une anxiété ambiante délétère.

Non sans paradoxe, les propriétaires des médias, qui ne sont généralement pas hostiles à la société capitaliste, font leur miel de cette distillation permanente, parce qu'elle est le moteur de l'audience et, par voie de conséquence, de la rémunération de leurs investissements. Bref, les media vivent davantage du poil à gratter que des sédatifs.

Quant à moi, qui ai toujours tenu pour indispensable à la sauvegarde de la démocratie authentique l'encadrement des mouvements de l'opinion, pour en maîtriser les embardées, je suis terrifié par les dérives de la médiatisation, lorsque les tsunamis ravageurs qu'elles créent ou encouragent prennent l'État en otage. Les exemples abondent. Je n'en citerai que deux, l'un et l'autre encore récents, au moment où j'écris ces lignes. Le premier était marginal, mais significatif. Je pense à l'émoi soulevé il y a quelques années par la projection du film Indigènes. C'était la énième fiction consacrée à l'histoire des troupes coloniales. Elle est venue à point nommé pour corser le mea culpa collectif, dans le climat de repentance désormais de bon ton pour évoquer notre passé colonial.

Orchestrée à l'envi, de tous côtés, elle a déclenché un important concours financier de l'État, sans autre forme de procès. Et puis, il aura suffi, à la même époque, que quelques saltimbanques, peut-être inspirés par cette preuve de faiblesse, improvisent un campement de tentes écarlates en bordure du Canal Saint-Martin pour contraindre l'État, sans coup férir, à consacrer un « droit au logement opposable », le DALO, acronyme oblige, dont on ne saurait sous-estimer la charge que, tôt ou tard, il imposera à la collectivité. Quelle que soit l'acuité du drame des sans-logis, alors que je tiens l'autorité de l'État pour la garantie majeure de la paix civile, j'ai perçu que, dans la circonstance, on touchait le fond de sa démission avec la prise d'otage dont il a fait l'objet ce jour-là. J'ai repensé à une anecdote, survenue vingt ans plus tôt. J'avais quitté la présidence d'une SOFICA, vecteur d'encouragement fiscal à la création cinématographique et télévisuelle, après avoir vu, le jour même de l'attentat terroriste de la rue de Rennes, un téléfilm dont le héros, tueur à gages, dans un environnement d'affairistes mafieux, était le seul personnage de ce casting à pouvoir se prévaloir d'une « morale »

Après le hold-up du DALO, il était grand temps de redresser la barre. Aussitôt élu, Nicolas Sarkozy a pris tout en mains et amorcé la mise en œuvre de son programme. Si, comme je l'espérais, comme je persiste, trois ans plus tard, à m'en convaincre, nous avons élu Cincinnatus, et non pas Bonaparte, il convient de s'en féliciter. À partir de cet électrochoc, la promesse d'une « rupture » était le signe avant coureur du redressement.

5

La réforme, Arlésienne ou Rocher de Sisyphe

Lorsque, en 1981, Valéry Giscard d'Estaing et Raymond Barre transmettent les clés de l'État à leurs successeurs, la situation des finances publiques est à peu près saine, le budget en équilibre, la dette marginale, le déficit de la sécurité sociale cadré. Trente ans plus tard, après une gestion alternée de gauche et de droite, nos finances publiques sont à la faillite et, bien avant la « crise », l'État n'a survécu chaque année qu'à crédit, à partir de l'automne, à la charge des générations à venir et de nos partenaires de l'euro. François Mitterrand et Jacques Chirac, en « charge de l'essentiel », disait de Gaulle, partageront ainsi devant l'Histoire la redoutable responsabilité d'avoir pollué l'héritage laissé à nos descendants.

Cette vérité, confortée d'année en année, longtemps dissimulée à l'opinion, mais clairement perçue par les responsables, a curieusement échappé, très longtemps, au débat public. On conçoit bien que les gouvernants alternés n'aient pas souhaité la porter en sautoir. Il est plus surprenant que la presse, toujours en quête d'acides, n'ait guère soulevé la question. Il faut rendre hommage à Thierry Breton, qui a été le premier responsable des finances publiques à oser, sans doute sans y être encouragé au sommet de l'État, où l'on pratiquait alors plus volontiers les soporifiques, afficher clairement la vérité, mise à jour par le rapport Pébereau. Depuis lors, les Français ne peuvent plus ignorer à quoi s'en tenir. Dans la compétition européenne et mondiale, la France n'a cessé, depuis un quart de siècle, de perdre des places, parce que nous travaillons moins que d'autres, parce que le niveau des prélèvements est trop élevé, parce que le train de vie de l'État est excessif et que l'entassement des collectivités pèse trop lourd, alors même que certaines missions régaliennes fondamentales sont mal remplies, telle la justice, ou préparent mal l'avenir, telles l'éducation ou la recherche.

Tout cela ne doit pas faire perdre de vue les efforts d'autant plus méritoires déployés ici et là, au fil de ce quart de siècle, pour secouer le laxisme ambiant. Mais la réforme, comme l'Arlésienne, est longtemps demeurée pour l'essentiel une rengaine sans frais, un vœu pieux plus qu'une « ardente obligation », faute d'une pédagogie de l'effort dans la durée. Certains responsables politiques, Jacques Delors, Michel Rocard, Édouard Balladur, Simone Veil, Alain Juppé, François Fillon, Dominique de Villepin, sédatifs ou révulsifs, ont bien tenté de casser cette spirale du laisser-aller.

Tous ont été rapidement dissuadés de poursuivre, par la connivence des laxismes, celui des deux Présidents successifs, celui des forteresses alliées des conservatismes et des corporatismes, adossés le cas échéant à la rue.

Dans l'approche de la réforme, on a vécu trois jurisprudences, la hussarde, l'homéopathique, l'atermoyante. La hussarde, ou le passage en force, a été illustrée en 1995 par Alain Juppé, en 2006 par Dominique de Villepin, avec les résultats que l'on sait. L'homéopathie, quant à elle, a été expérimentée à propos des retraites en 1993 pour le secteur privé, dix ans plus tard dans la fonction publique, dans les deux cas sans doute à doses insuffisantes pour sécuriser l'avenir. L'atermoiement, ou le renvoi à d'interminables travaux de commissions, constitue l'échappatoire la plus commode. Rien de surprenant à ce qu'il y soit fait appel, dès qu'une difficulté surgit, s'agissant même de sujets parfaitement identifiés et analysés.

J'ai longtemps tenu pour irréversible le déclin de la Grande-Bretagne. C'était une erreur. Après plusieurs décennies marquées par l'omnipotence des trade-unions, Margaret Thatcher a administré la preuve, s'il en fallait une, qu'il n'est pas de fatalité du déclin. Encore la guerre des Malouines a-t-elle sans doute aidé la « dame de fer », à l'époque, à mobiliser l'opinion britannique contre toutes les tentations du laisser-aller, qu'hélas pour le pays ses successeurs n'ont pas négligées.

Chez nous, tout au long des règnes de Mitterrand et de Chirac, l'un puis l'autre autosatisfaits du couronnement de leur ambition présidentielle, et finalement moins soucieux de « faire » que d'« être » et de durer, le réveil du pays a très vite cessé d'être une « ardente obligation ». A en croire son beau-frère Roger Hanin, « on s'en fout » était une expression chère à François Mitterrand. Quant à Jacques Chirac, je l'ai fréquenté d'assez près pour constater, de longue date, la confusion qu'il faisait entre le mouvement et l'action. En fin de compte, les deux « rois fainéants », aussi experts l'un que l'autre à câliner les corporatismes, se sont parfaitement accommodés qu'aux trente Glorieuses succèdent les trente Nonchalantes.

Les ingrédients de cette irresponsabilité sont, de longue date, clairement identifiés. Le règne de Mitterrand a été placé sous le signe de l'État-providence, même si Delors et Rocard ont réussi à opérer de légères corrections de trajectoire. Plus tard, le gouvernement Jospin, à travers le mythe des 35 heures, a enraciné le contresens de la réduction du chômage par la diminution du temps de travail. On notera, au passage, que c'est précisément Dominique Strauss-Kahn, pourtant le plus lucide des socialistes, qui a inventé les 35 heures en 1996, il est vrai sans anticiper la dissolution de l'Assemblée Nationale qui allait, quelques mois plus tard, ramener son parti au pouvoir. Quant à Chirac, vacciné par les grèves de Noël 1995, privé de majorité jusqu'en 2002, il n'a plus guère navigué qu'au fil de l'eau.

C'est tout cela que dès l'élection de Sarkozy il allait falloir reprendre, pour que la France, devenue l'« homme malade » de l'Europe, avant que la Grèce ne lui ravisse le titre, revienne au score, à l'instar d'une Allemagne exemplaire qui, après quelques années de déprime, avait maîtrisé le lourd handicap de sa réunification et retrouvé le cercle vertueux de la compétitivité et du développement.

Chez nous, le seul mot de réforme est révulsif, répulsif, pour tout dire incongru, même si l'homme de la rue a fini par se convaincre qu'il n'engageait à rien. Il véhicule, il est vrai, un inconscient multiple. Honorée d'une majuscule, la Réforme renvoie au passé, lointain et gravé, à consonance religieuse, du protestantisme, des guerres de religion, de la révocation de l'Édit de Nantes. Passons sur sa version équestre, les chevaux de réforme, qui n'intéressent guère l'opinion, à en croire la disparition de la boucherie chevaline Plus sérieusement, le terme n'est pas perçu dans l'acception qu'en donne le dictionnaire, qui le définit comme un « changement opéré en vue d'une amélioration », mais comme la seule remise en cause des droits acquis. Le décalage dans le temps entre le « changement » et l'« amélioration », le premier précédant évidemment la seconde, le premier étant tangible, la seconde ressentie comme aléatoire, suffit précisément à mobiliser l'opposition de ceux qui subissent le changement, tandis que les bénéficiaires de l'« amélioration » demeurent cois, qu'ils relèvent du monde des vivants ou, a fortiori, des générations à venir. Les médias, eux, raffolent évidemment de ce poil à gratter, qui oxygène leur audience. Leur intérêt n'est pas que les réformes soient effectuées, ce qui à la longue mettrait un terme au débat, mais au contraire qu'elles fassent difficulté et donc contestation et anxiété.

En esquissant ces lignes, au lendemain de l'élection de Nicolas Sarkozy, je souhaitais ne pas me tromper à l'idée que les conditions du redressement étaient réunies, autant que faire se pouvait. Les objectifs de la réforme avaient été clairement énoncés. Les premiers pas en étaient acquis, non sans quelques bémols dans le domaine, il est vrai particulièrement difficile, des régimes spéciaux de retraites. Pour le reste, tout demeurait à faire, et d'abord la pédagogie de la réforme.

Elle exigeait d'abord un état des lieux, sans complaisance. Dans le monde occidental, auquel nous appartenons, la France, depuis longtemps, est le mauvais élève de la classe. D'abord, nous travaillons moins que nos partenaires et concurrents. En France, la durée moyenne du travail est de 1 500 heures par an, contre 1 800 heures en Allemagne, 2 000 heures aux États-Unis. Ensuite, la durée de la vie active est plus courte chez nous, ce qui constitue un handicap redoutable dans un système de retraites par répartition, c'est-à-dire où ce sont les actifs qui financent les retraites. Au fil des cinquante dernières années, l'espérance de vie a progressé de quelque dix-sept ans, alors que l'âge de la retraite n'a cessé de s'abaisser. Enfin, le niveau des prélèvements publics s'est constamment alourdi. Le nombre des agents de l'État et des collectivités a bien dû s'accroître d'un bon million au fil des quinze dernières années. Ce sont toutes ces tendances lourdes qu'il convenait désormais de renverser. On a bien vu qu'il y fallait plus qu'une révolution culturelle, une authentique cure de désintoxication, condition indispensable du sursaut.

Et puis, voilà que soudain, avec le séisme qui a frappé la sphère financière et, à travers elle, l'économie mondiale, la terre s'est mise à trembler, très au-delà de l'échelle de Richter. L'explosion du capitalisme financier, entraînant la planète dans une remise en cause de ses fondamentaux les plus avérés, nous a ainsi contraints à revoir le décor des temps qui viennent, à réviser de fond en comble notre tableau de bord.

Entre-temps, rien n'interdit de faire un détour dans une dimension trop longtemps intangible de la société, je veux dire la discrimination du gynécée.

6

Le mari de Madame

Décidément, cette problématique dite de la parité aura largement meublé mon existence. À ma naissance, les femmes ne votaient pas. Pour autant, tout au long de l'Histoire de France, telle qu'on l'infusait à l'école, elles avaient eu, au fil des siècles, la part belle, parfois capitale, dans les événements qui avaient marqué la vie de notre pays. Sans remonter à Jeanne d'Arc, et plus près de nous, aux temps d'une monarchie dont l'exercice direct, sinon la régence, n'était pas ouvert aux femmes, les « favorites » avaient marqué leur temps. Françoise d'Aubigné, veuve Scarron, devenue marquise de Maintenon et épouse morganatique de Louis XIV, passe pour avoir joué un rôle décisif dans la révocation de l'Édit de Nantes, sans doute l'événement dominant du siècle qui précéda la Révolution.

Pour autant, à la génération de ma mère, née avec le XXe siècle, si les filles étaient parfaitement habilitées à « faire des études », peu d'activités professionnelles leur étaient ouvertes, même si certaines d'entre elles leur étaient à l'inverse réservées, secrétaires, infirmières, sages femmes.

Dans ce contexte, étais-je plus « macho » que mes contemporains ? Sans doute pas. Dans le monde de l'époque, la discrimination des femmes était générale, même si elle avait été, dans une certaine mesure, occultée par l'hécatombe masculine de 14/18 et la nécessité pour les femmes de soldats, puis pour les veuves de guerre, de prendre les choses en mains. Sur le plan social, elle débutait avec l'état-civil, les femmes, dès leur mariage, épousant non seulement le nom, mais aussi le prénom de leur mari. À la mairie, elles faisaient abandon de leur identité. Pour le restant de ses jours, Amélie Durand devenait ainsi, en société, Madame Jules Dupont, puis, le plus souvent, Madame veuve Jules Dupont, pour ne récupérer patronyme et prénom que dans sa notice nécrologique, qui rappelait qu'elle était « née Amélie Durand ». Mes parents, à la pointe du progrès, avaient dès 1919 ajouté le nom de ma mère à celui de mon père. Pour autant, ma mère était Madame André Veil-Léon, tout comme l'une de mes tantes, la tante Alfred, était à vie baptisée du prénom de son « défunt », à telle enseigne que tout le monde avait oublié qu'elle avait un prénom, Alice. Le jour de notre mariage, Simone Jacob est ainsi devenue Madame Antoine Veil, sans que personne, à l'époque, y trouve à redire.

Dans le monde politique, la fin de la guerre avait valu aux femmes le droit de vote, et leur rôle dans la Résistance leur apporta même l'éligibilité et l'élection à un nombre significatif de sièges dans les Assemblées de la Libération. Rassurons-nous. Il y fut vite mis bon ordre et, jusqu'aux années 80, le pourcentage des femmes parlementaires ne cessa de décliner. À chaque rendez-vous électoral, la constitution des listes et le choix des candidats donnaient lieu à un festival de professions de foi sur la promotion des femmes, que démentait sans coup férir l'annonce des candidatures. Au gouvernement, dès le Front Populaire, en 1936, Léon Blum avait créé l'événement en nommant trois femmes à des sous-secrétariats d'État. Sous la IVe République, Germaine Poinso-Chapuis avait été éphémère ministre de la Santé dans le gouvernement de Robert Schuman.

Dans ce que l'on n'appelait pas encore la société civile, les femmes étaient aussi à la portion congrue. À la direction des entreprises, elles n'avaient guère droit de cité. Plus tard encore, dans les années 60, une seule femme, Madame Bertrand Fontaine, était parvenue à se faufiler dans le cercle restreint des « patrons » de médecine, les mandarins. Encore s'astreignait-elle à porter des chaussures d'homme.

Dans ce contexte, rien ne me prédisposait à figurer au casting d'une révolution de la société française. Je n'avais pas le pressentiment de cette « rupture », et ne me sentais pas différent de mes contemporains, de cette jeunesse qui tentait, héritant d'une France exsangue et déglinguée, de se construire un avenir.

Démobilisé à la fin des hostilités, « rendu à la vie civile », comme on disait, c'est à Sciences Po que j'ai croisé Simone Jacob, à l'automne 45. Sa beauté se doublait d'une extrême réserve de comportement, particulièrement saisissante dans un environnement où prévalait la décontraction de la jeunesse[12]. Ses yeux pers, dans un visage éclairé, reflétaient le vécu d'une tragédie indélébile. Il y avait en elle, déjà, cet ineffable miracle de charme, qui n'a jamais disparu.

Un an plus tard, nous nous sommes mariés et notre couple est entré, pour trente ans, dans la vulgate au quotidien du machisme ordinaire. Nous avions trente-neuf ans à nous deux, quarante et un à nous trois lors de la naissance de Jean. Dans les premières années de cet équipage à trois, puis très vite à quatre à la naissance de Nicolas, priorité fut donc tout naturellement donnée, sans autre débat, à l'insertion professionnelle de celui que l'on appelait encore le « chef de famille ». Il fallut une bonne demi-douzaine d'années pour faire de l'étudiant que j'étais, soucieux de servir l'État, un jeune inspecteur des finances, modèle en prêt à porter, après quatre années de séjours hors les murs, en Allemagne, au Maroc, à Châteauroux. En bonne épouse, et selon la norme en vigueur à

12. À l'époque du scoutisme, ses camarades l'avaient « totémisée » Balkis, du nom de la légendaire reine de Saba.

l'époque, Simone avait suivi, sans protester, trouvant le temps de parachever ses propres études universitaires, de faire un troisième héritier, Pierre-François, de prêter la main à la préparation par le mari du concours de l'ENA, à travers la compilation du Monde. Encore une fois, je n'étais sans doute pas plus macho que quiconque des hommes de ma génération. Pour autant, le soin que je prenais de l'insertion professionnelle des deux membres de notre couple était inégal. Je n'étais pas obsédé par le souci de la parité.

Mon sort étant ainsi réglé, dans le droit fil de mon souhait de « servir l'État », Simone rappela sa ferme volonté d'« avoir un métier ». Elle a raconté, dans des termes auxquels je souscris sans la moindre réserve, que je n'avais guère encouragé chez elle la vocation du barreau. Un demi-siècle plus tard, je demeure perplexe en songeant à l'allergie que m'inspirait alors la profession d'avocat. À tort ou à raison, j'imaginais que faute de pouvoir choisir ses clients, on était tenu d'assurer la défense du malfrat tout autant que celle de la veuve et de l'orphelin. La vie familiale, toujours facétieuse, a pris sa revanche sur ce stéréotype en m'entourant d'avocats. Quitte à faire choix du monde judiciaire, le profil du magistrat offrait à mes yeux la sécurité déontologique du service public. Va donc pour la magistrature. Ex-post, peut-être cette orientation, retenue par défaut, aura-t-elle été plus favorable à son épanouissement que ne l'eut été le barreau.

Quoi qu'il en soit, la suite est de notoriété publique. Simone Veil devint donc substitut du Procureur de la République. Détachée à l'administration centrale du Ministère de la Justice, elle allait passer sept années à la direction de l'administration pénitentiaire, y affirmant son profil social, puis un lustre à la direction des affaires civiles, où elle maîtrisa l'élaboration des textes législatifs, sous la houlette d'un conservateur éclairé, Jean Foyer, notamment à propos du régime de l'adoption. Après cela, nommée au cabinet d'un Garde des Sceaux de haute stature, René Pleven, puis au secrétariat du Conseil Supérieur de la Magistrature, elle avait pratiqué les niveaux les plus élevés de l'État. Pour autant, elle ne nourrissait aucune ambition politique, même si, avec moi, elle fréquentait de près la sphère politique.

De la politique, comment notre génération eut-elle pu s'exonérer, s'exorciser ? Enfants, nous avions vu notre pays baisser les bras devant les régimes totalitaires avant d'entraîner la planète, pour la seconde fois, dans un conflit mondial, dont la France n'était sortie que par miracle dans le camp de la victoire des démocraties.

Nous avions vécu la reconstruction du pays avec le sentiment dominant que seule une réconciliation de la France et de l'Allemagne, dans un cadre européen transcendant les souverainetés, était de nature à fonder une paix durable. Après le coup d'État aseptisé de 1958, le retour du souverainisme, véhiculé en tenaille par les gaullistes et les communistes, avait fragilisé le scénario de la construction d'une Europe fédérale, auquel le rejet de la CED, quelques années plus tôt, avait déjà porté un coup sérieux.

Pour ma part, après l'incident du « Volapuk »[13], je m'étais impliqué dans l'émergence d'un pôle centriste focalisé sur le sauvetage d'une démarche européenne supranationale amorcée avec la CECA, l'Euratom et le marché commun. Je nourrissais le souci majeur que l'« approfondissement » précède l'« élargissement », pressentant que l'accession de la sphère britannique au noyau initial ne ferait que diluer l'édifice. Dès 1971, j'avais été élu au Conseil de Paris mais, sans doute par paresse, je ne m'étais pas soucié d'entrer au Parlement. Simone, quant à elle, avait certes gagné les galons de son indépendance professionnelle, mais était demeurée au bord du sentier escarpé d'un engagement politique.

C'est dans ce contexte qu'au printemps 1974, Valéry Giscard d'Estaing, élu Président de la République, lui confiait d'entrée de jeu le portefeuille de la santé dans le gouvernement de Jacques Chirac. Quelques mois plus tard, le débat parlementaire sur l'interruption volontaire de grossesse allait l'installer de manière irréversible au firmament de la popularité. Alors que, depuis

13. Cette conférence de presse de mai 1962 où le général de Gaulle avait tourné en ridicule les militants de la construction européenne, ce qui avait entraîné le retrait immédiat des ministres MRP du gouvernement Pompidou.

près de trente ans, Simone avait été, au moins « en société », comme on dit, en tout cas en dehors des heures de bureau, la « femme d'Antoine », voilà que, sans coup férir, je suis définitivement devenu le « mari de Simone ».

À bien y réfléchir, trois, bientôt quatre décennies plus tard, il m'arrive de penser que j'aurais sans doute pu vivre moins sereinement cette authentique révolution matrimoniale, à l'époque, on en conviendra, tout à fait exceptionnelle. Je n'ai pas gardé en mémoire le sentiment d'avoir été, dans l'immédiat, bouleversé par l'événement. Je n'ai pas eu l'impression d'être l'Edmund Hillary[14] de la parité.

Jacques Chirac a-t-il jamais réalisé, quant à lui, à quel point il avait, en proposant à Valéry Giscard d'Estaing d'embarquer Simone dans son gouvernement, je ne dirai pas bouleversé mon existence, mais plutôt modifié la perception extérieure d'un couple jusque-là banal ? Quoi qu'il en soit, je n'ai pas le souvenir de lui avoir tenu rigueur de cette redistribution des rôles. D'abord, l'événement, au fond sans réellement me surprendre, me fascinait. J'admirais le naturel et la maîtrise avec lesquels Simone épousait son nouveau personnage.

Certains épisodes, les uns lourds de sens, les autres plus futiles, se sont gravés dans la légende familiale. Le débat sur la légalisation de l'avortement m'a surpris par sa violence. Tout bien pesé, il

14. Le vainqueur de l'Everest.

ne s'agissait que de mettre fin à une injustice sociale doublée d'une formidable hypocrisie. Les femmes qui en avaient les moyens n'avaient guère de difficultés, jusque-là, à transgresser la prohibition. Paradoxalement, dans le non-dit généralisé, c'est le feu vert donné, à l'initiative de Lucien Neuwirth, à la pilule contraceptive qui avait constitué un premier pas significatif dans la voie de la parité sexuelle. Il n'empêche. Les graffitis accolant à notre nom le sigle des SS ont été difficiles à supporter.

Les démêlés de Simone avec les services du protocole étaient plus cocasses. Ma femme vivait mal le fait que, dans les dîners officiels, si elle-même était logée à son rang protocolaire, ma place à table n'était pas celle qui m'eut été assignée si, conformément à la jurisprudence usuelle, son conjoint eut été de sexe féminin. Elle considérait comme discriminatoire que je sois relégué dans le troupeau des « hommes d'affaires ». Ce bras de fer, que je trouvais plutôt comique, dura suffisamment longtemps pour que le Président Giscard d'Estaing s'en inquiète un jour en me demandant si l'« affaire était réglée ». Je le rassurai en ajoutant que je lui souhaitais de ne pas être confronté à de plus graves difficultés. Dans les mêmes circonstances officielles, il m'arrivait d'entendre l'huissier introduisant les personnalités claironner « Madame le Ministre de la Santé », puis « Monsieur Simone Veil ».

On le voit, l'humour ne perdait pas ses droits dans ce parcours atypique. À Chambord, entre deux battues présidentielles, il m'est un jour venu l'idée de demander au Prince Philip d'Edimburg, invité d'honneur, s'il accepterait la présidence d'une Association des conjoints de femmes au pouvoir, que je rêvais de créer. Avec un sourire complice, il m'a remercié d'une suggestion qui « méritait réflexion », sous l'œil médusé des hauts personnages qui, eux, ne tenaient pas leur présence à cette chasse haut de gamme des fonctions de leurs conjoints.

Sur un mode plus sérieux, j'ai vite compris qu'il convenait de mettre sans tarder toute velléité politique personnelle à la cape, sous peine de revêtir définitivement le maillot de Poulidor. La circonstance s'y prêtait. Le Centre Démocratie & Progrès, dont j'étais le trésorier, venait de fermer boutique, frappé par la maladie de Jacques Duhamel, l'échec de Joseph Fontanet et la retraite de René Pleven. À l'écart des feux de la rampe, je ne me suis pas pour autant interdit de séjour dans la sphère politique. Entre une vingtaine d'années de mandats locaux au Conseil de Paris et au Conseil régional d'Ile-de-France, mais aussi en créant et animant pendant près de trente ans le « Club Vauban ».

Pourquoi évoquer tout cela dans un essai qui n'est pas une autobiographie ? Simplement parce que l'itinéraire atypique que j'ai parcouru, sherpa d'une idole charismatique, à l'en croire femme alibi, m'a fait toucher du doigt la frustration que leur transparence a pu de tout temps infliger aux compagnes des hommes politiques en relief.

Pour autant, je n'ai pas éprouvé le besoin de créer un ouvroir ou une fondation. J'ai eu la chance, mettant délibérément mes velléités politiques en veilleuse, de me consacrer à des activités professionnelles qui m'ont comblé. Après coup, là encore, je me prends à penser, en observant dans l'actualité les ravages que la rivalité des ambitions politiques peut créer dans un couple, à quel point le profil bas auquel je me suis tenu a été la voie de la sagesse.

Si l'on peut tenir pour acquis que les femmes sont désormais en bonne voie pour gagner la bataille de la parité dans la sphère politique, si elles ont pris du galon dans les activités libérales, elles sont encore loin du compte dans le monde des entreprises. Qu'il s'agisse des rémunérations ou des évolutions de carrières, le sexe réputé faible demeure lourdement handicapé. La féminisation systématique des substantifs, réclamée à grands cris par toutes les suffragettes, n'est qu'un leurre, dont la pratique occulte les discriminations réelles, avec l'inconvénient de meurtrir la langue française en forçant le rythme de son évolution naturelle.

Le genre, masculin ou féminin, auquel appartiennent les fonctions et les titres est tout à fait indépendant du sexe de ceux ou de celles qui les occupent ou qui les portent. Pour moi, l'ambassadrice sera toujours la femme de l'ambassadeur, la préfète l'épouse du préfet. Hélène Carrère d'Encausse a raison d'attacher du prix à être Madame le Secrétaire Perpétuel de l'Académie Française. Je me vois mal saluant un cardinal en lui donnant de l'Éminent, au motif qu'il appartiendrait au genre masculin. En revanche, je persiste à être surpris que, pour la plupart d'entre elles, les Églises excluent les femmes de tout ministère. Bref, la parité a encore, ici ou là, du grain à moudre.

Une anecdote significative me revient à l'esprit. Au milieu des années 70, époque où je dirigeais une compagnie aérienne, une jeune femme, pilote d'avions d'affaires, m'a un jour demandé comment elle pourrait « évoluer sur gros porteur », lasse qu'elle était, me précisa-t-elle, d'être prise pour l'hôtesse par ses passagers. Je l'ai orientée vers la filière de qualification de la compagnie. Quelques mois plus tard, j'ai eu la curiosité de m'enquérir du sort de sa candidature, originale à l'époque. Elle m'a fait savoir, sans autres commentaires, que les responsables du recrutement avaient fait le nécessaire pour qu'elle ne puisse satisfaire aux exigences de la qualification. Quelques années plus tard, elle a cependant pu rejoindre Air France, tandis qu'à UTA, une femme, il est vrai épouse d'un colonel d'aviation, parvenait à franchir l'obstacle du machisme[15].

Trente ans plus tard, en ce nouveau siècle, il y a encore bien peu de femmes aux commandes des avions, bien peu aussi dans le transport routier, bien que la conduite d'un poids lourd n'exige plus

15. J'ai souvenir qu'à l'époque, ma femme a été surprise qu'elle soit assujettie à être en pantalon, comme les hommes, dans le cockpit !

la vigueur physique qu'elle impliquait naguère, à telle enseigne que moins rares sont les femmes au volant des autobus. En revanche, si la magistrature a été envahie par les femmes, très au-delà de la moitié des plus jeunes, est-ce parce que les rémunérations y sont congrues, parce que la robe a perdu de son prestige, ou encore parce que, comme dans l'enseignement, le travail peut largement s'effectuer à la maison ? Quoi qu'il en soit, dans le désordre, la parité progresse, le plus souvent trop lentement, parfois trop vite. Un jour viendra peut-être où la Journée des femmes, qui donne bonne conscience pour l'année, paraîtra obsolète.

Cela dit, et contrairement aux propos extravagants de quelques philosophes égarés, la spécificité de chaque sexe demeure, et fort heureusement. La transsexualité est d'exception. En revanche, force est de constater que le couple traditionnel n'est plus la référence exclusive du cadre de vie. Je n'en suis pas surpris. Depuis longtemps, je pense que si l'horizontalité reproductive est sans alternative, la verticalité du quotidien s'accommode de ménages unisexuels, masculins ou féminins. L'homosexualité, longtemps diabolisée, a retrouvé droit de cité. Un résidu de traditionalisme me retient de tenir l'adoption d'enfants par des couples homosexuels pour souhaitable, mais je la crois inévitable, tant il est clair que l'adoption est hélas plus souvent perçue pour le confort des parents que dans l'intérêt des enfants.

1946, sur le banc… d'essai.

1951, avec un ours blanc, en Forêt-Noire.

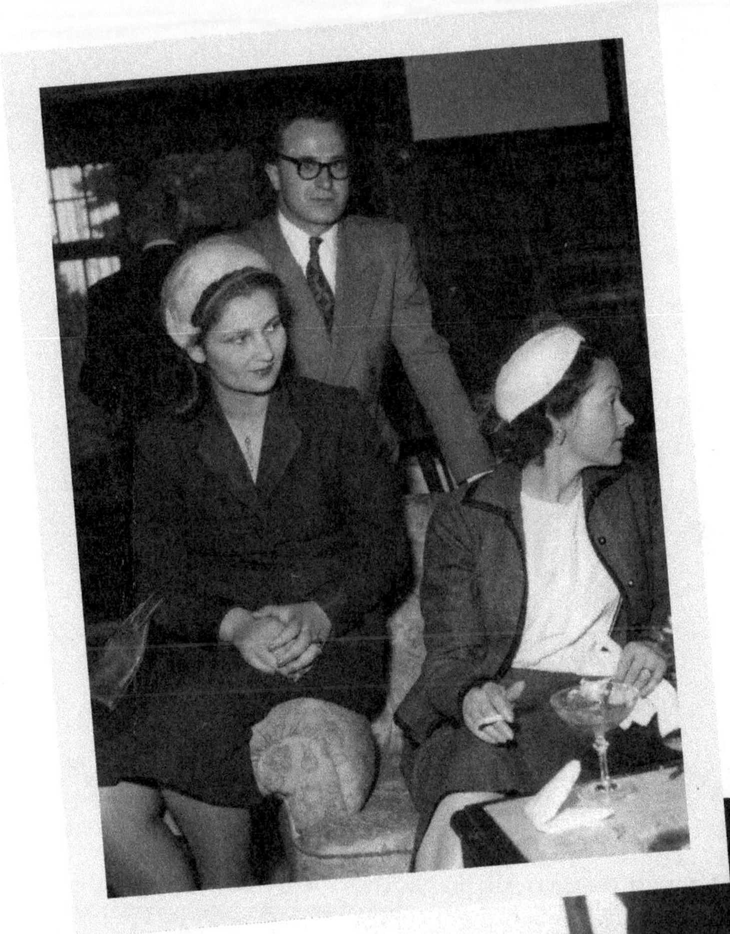

En Allemagne,
dans les salons et
dans la neige,
entre 1950 et 1951.
J'y occupe un poste
d'attaché
au consulat général
de France
à Wiesbaden.
J'ai 25 ans.

1951, à Wiesbaden, avec un général et un préfet… puisqu'il faut bien s'y mettre.

Quand cette photo est prise en Allemagne, nous avons déjà deux enfants.

Avec Jacques Chirac à Matignon, en 1987, autour d'une rosette…
… sans oublier Bernadette.

Avec Dominique et Anne Strauss-Kahn, très loin du FMI et du PS mais nous ne sommes encore qu'en 1990, à Beauvallon dans le sud de la France.

Avec John Kenneth Galbraith, très grand économiste américano-canadien (il mesurait 2 mètres !) qui fut aussi ambassadeur en Inde.

Avec André Rousselet (qui fut notamment directeur de cabinet de François Mitterrand et fondateur de Canal+) une amitié qui date de… 1953.

… En écoutant Mireille Mathieu chez Claude Pompidou.

En regardant, de très loin, Alain Poher et Jacques Chaban-Delmas…

… et de plus près, François Mitterrand.

Avec John Brizendine, patron de Mc Donnel Douglas (à droite), en recevant, au printemps de 1973, le premier DC10 d'UTA à Los Angeles, la compagnie aérienne dont je suis alors le directeur général.

Dans les années 1980, avec le célèbre pianiste Arthur Rubinstein, plus primesautier que Thierry Le Luron.

Avec ma tribu. Nous avons eu trois fils et douze petits enfants.

Les photos ont été choisies par l'éditeur, datées et commentées par l'auteur.

7

L'Europe, ou la « nouvelle frontière »

L'Europe aura été pour moi, comme pour nombre de mes contemporains, le fil conducteur de la pensée politique. Dans un monde en mouvement – ce qui est peu dire – elle demeure aujourd'hui, plus que jamais, ma « nouvelle frontière », même si la géographie, les objectifs, les structures, les moyens de cette démarche ont évolué, même si le cocktail entre l'Europe fédérale et l'Europe des États demeure fluctuant, même et surtout si cette construction est en grave danger, alors que je ne perçois, pour l'avenir de notre pays, aucune alternative.

Née de la guerre, à l'époque volonté de transcender définitivement l'inexorable va-et-vient des conflits récurrents entre la France et l'Allemagne, au profit d'une réconciliation faisant tache d'huile sur l'ensemble du continent, la démarche européenne nous a assuré une paix désormais tellement enracinée qu'il convient de faire effort pour que les jeunes générations ne la perçoivent pas comme innée, mais gardent en mémoire qu'elle est née de la volonté d'un petit groupe de « pères fondateurs » qui à l'époque se sont battus pour renverser le cours de l'Histoire.

Souvenons-nous, ou rappelons-le. En 1945, la tentation était grande de rééditer les vieux scénarios. Nombreux inclinaient à penser que « l'Allemagne paierait ». Les gaullistes « pur sucre », façon Gilbert Granval, étaient tout disposés à faire de la Sarre une nouvelle Alsace-Lorraine.

Dans ce contexte, on ne portera jamais assez aux nues ce que l'on doit à la volte-face engagée par Robert Schuman et ce dont elle-même est redevable à Jean Monnet, son inspirateur, dont je ne suis pas sûr que la jeunesse d'aujourd'hui identifie le nom. C'est pourtant lui qu'il faut gratifier d'avoir porté le premier coup sérieux au mythe de la souveraineté, partout révéré, bien que vecteur des conflits majeurs de l'Histoire, et notamment des deux guerres mondiales où l'Europe embarqua allègrement toute la planète, au fil de la première moitié du XXe siècle et au prix d'une bonne centaine de millions de morts. Entre ces deux conflits, quelques politiques atypiquement lucides, tels Briand et Stresemann, avaient bien tenté de mettre un terme à ce cycle d'enfer. En vain. La culture du conflit était irréversible, alimentée au surplus par la crise économique.

Dans le désastre du printemps 1940, Jean Monnet, présent à Londres, avait suggéré, à chaud, une fusion entre la France et la Grande-Bretagne. Dûment validée par le cabinet britannique, cette proposition improvisée ne parvint à Bordeaux qu'au moment même, dans la soirée du dimanche 16 juin, où Paul Reynaud baissait les bras et abandonnait le pouvoir au clan de la défaite. On ne saura jamais dans quelle mesure ce précédent a pu contribuer à inspirer à Jean Monnet, dix ans plus tard, l'initiative du transfert à une autorité supranationale de la gestion du charbon et l'acier, ingrédients clés de la puissance militaire. Toujours est-il qu'autour de la France et de l'Allemagne, l'Italie et les trois pays du Benelux adhéraient aussitôt à ce projet de souveraineté partagée, à cette Communauté Européenne du Charbon et de l'Acier. C'était l'embryon de ce qui, un demi-siècle plus tard, à travers des hauts et des bas, constitue aujourd'hui l'Union Européenne. On gardera en mémoire ce que furent les réactions à la déclaration Schuman du 9 mai 1950, toutes significatives. En France, le général de Gaulle dénonçait sans tarder « ce méli-mélo de charbon et d'acier ». Fort heureusement, on n'avait pas, à l'époque, été atteints par le virus du référendum. La voie était ainsi tracée, qui eut dû mener aux États-Unis d'Europe. Il n'en fut rien, on le sait, au fil d'un va-et-vient entre le culte nostalgique de la souveraineté hexagonale et l'intuition de l'impuissance de la France, dans les frontières historiques du village gaulois, à affronter les défis d'un monde globalisé.

L'invasion de la Corée du Sud, survenant, au seuil de l'été 1950, quelques semaines seulement après l'annonce du projet de pool charbon-acier, allait compliquer la donne, en mettant au premier rang des urgences la problématique incontournable du réarmement de l'Allemagne, instamment demandé par le gouvernement américain. Souvenons-nous qu'à l'époque, les États-Unis étaient quasiment seuls à assumer la défense militaire du monde libre, et notamment de l'Europe, confrontée à l'expansionnisme conjoint de l'URSS et de la Chine, dont la Corée du Nord n'était qu'un fer de lance asiatique et l'invasion de la Corée du Sud un galop d'essai. La proposition d'une Communauté Européenne de Défense, là encore énoncée par Jean Monnet, parut être la seule alternative possible à ce réarmement de l'Allemagne, inquiétant cinq ans seulement après l'effondrement du Reich. Robert Schuman avait été le porte-voix politique de la CECA. René Pleven, maintenant à la tête du gouvernement français, fut celui de la CED. On sait ce qu'il advint de ce projet, accepté par nos partenaires européens, mais ardemment combattu chez nous par l'hétéroclite coalition des communistes, des gaullistes et des passéistes. Dans l'été 1954, après d'interminables tergiversations, au terme de débats passionnés et confus, le projet allait être définitivement enterré par la dérobade du Parlement français, dont Pierre Mendès France, alors Président du Conseil, ne pourrait qu'être tenu pour largement responsable. Dès lors, le réarmement de l'Allemagne était une fatalité.

Jean Monnet, inépuisable, allait encore porter sur les fonts baptismaux, après le lancement de l'Euratom, communauté de recherche nucléaire qui n'a pas connu le développement que l'on pouvait en attendre, le projet de Communauté Économique Européenne, ce Marché Commun consacré par le Traité de Rome, heureusement signé et ratifié par les six partenaires du noyau dur, peu de temps avant l'effondrement de la IVe République.

Depuis lors, d'étape en étape, la construction de l'Europe n'a pas cessé d'évoluer. Son périmètre s'est élargi. Nous étions six, un orchestre de chambre. Nous voici vingt-sept, peut-être bientôt trente, et s'il est de bon ton de s'en féliciter, il est clair que la direction d'un ensemble symphonique est bien différente de la conduite d'un sextuor.

De ce parcours, long, sinueux, l'Histoire retiendra les noms des « pères fondateurs », mais aussi de ceux qui ont courageusement relayé ces pionniers. Elle n'a pas encore rendu à Jean Monnet l'hommage qu'il mérite, même si Mitterrand, authentique militant de cette construction européenne, n'a certainement pas été fâché, en envoyant le « père de l'Europe » au Panthéon, de faire un pied de nez aux Gaullistes J'ai souvenir, pour ma part, Conseiller de Paris de 1971 à 1989, de m'être dépensé sans compter, et sans succès, pour que son nom soit conféré à un lieu significatif de la capitale. Je ne demandais pas que Jean Monnet fût statufié sur les Champs-Élysées, mais par exemple que la Place de l'Europe devint désormais Place de l'Europe/Jean Monnet. Isolé dans la majorité « gaulliste » de l'époque, mon acharnement n'a conduit à apposer le nom du père de l'Europe qu'à un improbable carrefour du XVIe arrondissement, dénué de riverains.

À ce parcours majeur de la construction de l'Europe, quelle place l'Histoire retiendra-t-elle de la contribution de Charles de Gaulle et de ceux qui se seront réclamés de son héritage ? Je ne sais trop. Le personnage monumental à qui l'on doit d'avoir, en juin 1940, sauvé l'honneur de la France, puis, au printemps de 1958, de nous avoir sans doute épargné une guerre civile, devra se contenter ailleurs d'un bilan contrasté. C'est ainsi que dans le domaine de l'héritage colonial, entre le discours de Brazzaville de 1943 et le droit à l'autodétermination des années 60, il y aura eu la guerre d'Indochine, largement issue du choix fait par de Gaulle, en 1945, d'une stratégie de statu quo, proposée par l'amiral Thierry d'Argenlieu et tournant le dos à l'approche évolutive recommandée par Leclerc. Pour revenir à la construction européenne, je n'arrive pas à me convaincre que Charles de Gaulle aura aidé la France à « épouser son temps ». Certes, il aura respecté le Traité de Rome et permis à notre pays, en restaurant sa crédibilité, d'en mettre en œuvre les dispositions. En revanche, on ne peut que déplorer que l'Europe, avant toutes les phases de son élargissement, ne se soit pas dotée d'une intégration de sa politique étrangère et de sa défense, et très largement du fait de la réticence gaullienne à s'éloigner des rivages historiques, à mes yeux anachroniques, du nationalisme.

S'il est un point, pourtant, à propos duquel je me sens moins éloigné de de Gaulle, c'est la réticence qui fut la sienne au regard de l'ouverture de la Communauté européenne à la Grande Bretagne. Churchill avait du reste prévenu, affirmant que l'Angleterre préférerait toujours la fidélité atlantique à l'intégration européenne. En 1969, j'avais déploré, en désaccord avec ma femme, que nos amis centristes aient fait de l'accueil de la Grande Bretagne la condition de leur ralliement à la candidature de Georges Pompidou. Depuis lors, voilà quarante ans, l'Histoire me paraît avoir ratifié ma prémonition. Même si Simone, sur ce point particulier, ne partage pas mon analyse, force m'est de constater que l'Europe n'a progressé qu'à la faveur des initiatives du couple franco-allemand, certes ouvertes à tous nos partenaires européens, mais portées sur les fonts baptismaux par les deux anciens « ennemis irréductibles », disait-on dans ma jeunesse

Cela étant, même si la symphonie est encore inachevée, même si le bilan est fragile, même si l'Europe est aujourd'hui confrontée, dans une économie mondiale en révolution, à des défis qui menacent son unité, la mutation opérée est historique. Les bras de fer sanglants des siècles passés sont sans doute définitivement exorcisés et, du coup, la paix, dans cette Europe élargie, peut être regardée comme un acquit irréversible entre des pays jusqu'alors affrontés, la France et l'Allemagne, l'Autriche et l'Italie, la Grande-Bretagne et l'Irlande, même si des irrédentismes locaux, redoutablement armés dans les supermarchés du terrorisme, sont venus les relayer. Les intellectuels et les humanitaires, parfois égarés dans la diplomatie, ne manquent du reste pas d'en rajouter, au nom d'une conception complaisante des « droits de l'homme », au risque permanent d'oxygéner toutes les braises autonomistes, au Pays Basque, en Catalogne, dans les banlieues de Bruxelles ou ailleurs.

Malgré cela, jamais, au fil de son histoire, cette Europe occidentale et centrale n'a connu une paix aussi pérenne – il sied aujourd'hui de dire durable – situation que souligne a contrario l'effervescence qui subsiste à ses frontières, que ce soit dans les Balkans ou dans le Caucase.

Cependant, si l'Union a l'immense mérite d'exister, le sentiment prévaut qu'elle fonctionne mal, dans un désordre institutionnel qu'après le désastreux traité de Nice, la mise en œuvre des dispositions du traité de Lisbonne aurait dû permettre d'atténuer. Hélas, il n'en a rien été, en tout cas dans le temps du premier rodage, et le choix d'un casting privilégiant des profils sans aspérités prouve bien que le souverainisme collégial se heurte encore, chez les principaux de l'équipage, à de fortes réticences.

Vue de l'extérieur, la technostructure de Bruxelles est pesante, plus paralysante que dynamique, plus administrative que politique. La Commission est certainement trop nombreuse. À vingt-sept, le consensus est fatalement aléatoire. Les élargissements successifs n'ont amélioré ni sa cohérence, ni sa légitimité. Elle a progressivement fait tache d'huile en une administration proliférante et irresponsable, qui compense volontiers son déficit d'imagination politique par un goût prononcé pour la réglementation, au mépris fréquent de l'impératif de subsidiarité. Est-il légitime d'imposer une dimension communautaire aux perchoirs des poulaillers industriels, alors que dans le même temps la Commission est aux abonnés absents sur des problèmes qui ignorent les frontières, comme la crise financière, la prévention des épidémies, la gestion de l'espace aérien, ou encore le statut des populations itinérantes, pour s'en tenir à ces quelques exemples ?

La politique de la concurrence, qui contrôle opportunément les ententes et positions dominantes, est à l'inverse allée beaucoup trop loin dans la prohibition des concentrations, portant un redoutable préjudice aux industries européennes, parce que la mondialisation, faute de « champions » européens, conduit à la disparition de notre continent comme acteur industriel. Disons-le sans détour. Si M. Monti, ou Mme Kroes, avait été, au seuil des années 70, commissaire à la concurrence, au temps où Airbus est né, non d'une volonté des gouvernements mais parce les bureaux d'études français et allemand d'Aérospatiale et de DASA ont à l'époque, si je puis dire, « fait un enfant », l'A300, créant ainsi un patriotisme de projet, il n'y aurait sans doute plus d'industrie aéronautique en Europe. De même, il est certainement préjudiciable à l'intérêt général de l'Europe d'avoir laissé Alstom et Siemens développer deux familles concurrentes de trains à grande vitesse, TGV et ICE.

Parallèlement, la dispersion des activités parlementaires entre Bruxelles, Luxembourg et Strasbourg ne constitue pas pour celles-ci un facteur de productivité. Soit dit en passant, le faux-semblant persistant de Strasbourg, « siège » du Parlement européen, coûte cher. Cette Assemblée se réunit au mieux quatre jours par mois dans un palais construit à grands frais, inoccupé le reste du temps, tandis que les parlementaires assurent l'essentiel de leurs activités, et donc de leur présence, à Bruxelles, et que les fonctionnaires résident à Luxembourg où les retient un régime fiscal souriant. Il serait certainement judicieux, et en tout cas réaliste, de mettre un terme à une situation d'apparence, qui coûte, me dit-on, quelque 200 millions d'euros chaque année, et de troquer, au profit même de Strasbourg, une présence parlementaire qui relève de l'illusion contre, par exemple, une authentique université européenne. Depuis son élection à la Présidence du Parlement européen, il y a maintenant plus de trente ans, Simone n'a pas cessé de dénoncer une situation extravagante, mais dont on voit bien que, quels que soient ses inconvénients, elle ne pourrait être modifiée qu'à partir d'une initiative française, que l'on attendra sans doute encore longtemps.

Ne jetons pas le bébé avec l'eau du bain. L'Europe existe. Pour en convaincre les sceptiques, il devrait suffire de les convier à constater l'attrait qu'elle exerce sur les pays de sa périphérie. On a vu que sa démarche laisse le sentiment d'un certain désordre. Elle fonctionne à plusieurs vitesses. La Grande-Bretagne, toujours à la maraude, n'a certainement pas abdiqué sa propension à freiner toute intégration. Pour autant, il n'est pas interdit d'espérer qu'après les turpitudes référendaires, dont la France, en cultivant le virus de ce mode de consultation et d'adoption, est largement responsable, les dispositions du traité de Lisbonne, certes après une mise en route bien décevante, viennent un jour renforcer la crédibilité de son fonctionnement institutionnel.

Et puis, surtout, après les désastres constatés dans la sphère financière, c'est désormais le périmètre de l'Europe monétaire, de l'euro, qui est porteur de tous les risques, et donc de toutes les urgentes nécessités d'une gouvernance économique et d'une régulation crédibles. La crise grecque aura été à cet égard un baptême du feu redoutable. Peut-être un jour se félicitera-t-on qu'elle ait constitué un avertissement utile et un test de solidarité. Faut-il encore que les États-membres de la zone euro aient entre-temps, très vite, éliminé les doutes qui pèsent encore sur la solvabilité de leurs dettes souveraines. La partie est loin d'être gagnée.

Pour ce qui touche à la défense et à la diplomatie, nécessité faisant loi, la convergence devrait progressivement s'imposer dans ces deux domaines, comme dans celui de la monnaie et de l'économie. On voit bien que, lorsque le torchon brûle, que ce soit aux frontières de l'Union, en Géorgie par exemple, ou dans la sphère financière, même lorsque le dispositif institutionnel ne l'implique pas, les « Européens », et en tout cas les principaux d'entre eux, ont le souci, ou l'obligation, de coordonner leur démarche.

Dans le monde nouveau conflictuel et chaotique qui se profile, l'Europe demeure ainsi une valeur sûre, et en tout cas, sans alternative, la seule dimension crédible d'un avenir pour notre pays. La présidence française du second semestre de 2008 aura eu le mérite, à cet égard, d'administrer la preuve de l'efficacité d'une démarche certes improvisée, assez peu institutionnelle, mais en fin de compte adaptée aux deux événements majeurs du millésime, la crise géorgienne et la crise financière. Les deux circonstances méritent réflexion.

Dans la crise géorgienne, c'est sous le timbre de l'Europe des 27 membres de l'Union Européenne qu'a été évité l'engrenage d'un conflit avec la Russie. On voit bien que le danger majeur résidait, et réside encore, dans le risque des réactions auxquelles peut conduire l'humiliation infligée à Moscou par la désintégration de l'URSS, et renouvelée en piqûre de rappel avec l'indépendance prématurée du Kosovo, ce berceau historique de la Serbie. L'Union Européenne doit désormais construire avec la Russie une relation d'amical voisinage et de coopération économique, sans attiser les braises d'une extension de l'OTAN à l'Ukraine ou à la Géorgie, aussi longtemps que la feuille de route de cette institution n'aura pas été actualisée et demeurera marquée par la mission initiale de résistance à l'expansionnisme soviétique, qui n'est désormais plus d'actualité.

Le « leadership » du Président en exercice de l'Union, Nicolas Sarkozy, aura joué dans l'épisode, du fait de son exceptionnelle énergie, et en dépit de la précarité de son mandat, un rôle déterminant. Il aura même réussi à faire oublier la responsabilité de l'activisme diplomatique de notre pays dans la reconnaissance précipitée de l'indépendance du Kosovo, du fait d'une confusion entre la diplomatie et l'action humanitaire.

Pour l'avenir, la combinaison entre une présidence moins brève, telle que prévue par le traité de Lisbonne, et une implication accrue du Parlement Européen, pourrait permettre de répondre à l'exigence de crises toujours possibles et appeler au titre de l'Europe d'opportunes initiatives de relance.

Dans ce contexte encourageant, galop d'essai d'une politique étrangère commune, on parle beaucoup, à défaut de la mettre en œuvre, de la « défense européenne ». J'ai bien entendu, à cet égard, un vieux compte à régler avec tous ceux qui ont pris, voilà plus d'un demi-siècle, la responsabilité d'euthanasier le projet de Communauté Européenne de Défense. Aujourd'hui, il ne s'agit plus seulement de créer des forces d'intervention, de sécurité, de défense supranationales, mais également de coordonner les industries de défense autour de matériels communs, au lieu de laisser proliférer d'onéreuses compétitions sur le marché mondial des armements.

Les choses, à cet égard, n'avancent guère. Je l'ai moi-même constaté, au fil des années, dans le domaine de la construction navale militaire. La fusion des chantiers français et allemands spécialisés aurait ainsi permis, aux lieu et place de concurrences ruineuses chaque fois que s'ouvrent des marchés extérieurs, de proposer des navires construits indifféremment à Lorient, Cherbourg, Emden, Brême ou Kiel. Eut-il encore fallu que les états-majors s'entendissent à énoncer des spécifications identiques pour des navires de base, frégates, corvettes ou sous-marins conventionnels, ce qui n'était sans doute pas impossible dans un contexte où les problèmes de sécurité maritime doivent se poser dans les mêmes termes, d'un pavillon à l'autre, en Méditerranée comme dans la Baltique, voire en mer Rouge. Au-delà des propos convergents tenus ici ou là par les responsables politiques, force est pourtant de constater que rien n'a progressé.[16] La partie allemande, sans doute lassée de ces atermoiements, paraît avoir pris la décision de céder ses chantiers

16. En écrivant ces lignes, je demeure pantois en pensant au contraste entre cet ardent immobilisme et les fougueuses professions de foi du ministre de la défense, qui se targue tous les dimanches d'être le plus actif militant de la construction européenne !

à un acquéreur du Moyen-Orient La Commission européenne, de son côté, continue de décourager systématiquement les regroupements industriels, au nom d'une politique de la concurrence devenue, au fil des décennies, répétons-le, dangereusement systématique, constituant pour l'Europe industrielle un redoutable handicap.

Revenons à l'essentiel. La construction de l'Europe n'a jamais progressé que par le jeu des initiatives franco-allemandes, ouvertes aux partenaires européens de nos deux pays, mais solidement adossées au consensus entre Paris et Bonn, puis Berlin. Jusqu'à l'automne de 1998, c'est-à-dire jusqu'à l'installation du gouvernement Schröder, chaque Conseil européen était précédé par un tête à tête franco-allemand, qui déblayait les difficultés. Depuis dix ans, cet usage s'est effrité, et les relations franco-allemandes se sont hélas refroidies, pour toutes sortes de raisons, les unes et les autres certainement fondées, mais surtout parce que les derniers responsables « militants » de l'Europe ayant connu la seconde guerre mondiale, convaincus que le socle franco-allemand est le moteur sans alternative de la construction de l'Europe, Mitterrand et Kohl, ont disparu. Les opinions publiques, désormais si puissantes, se satisfont, de part et d'autre du Rhin, de penser que l'Europe n'a plus à être regardée comme un projet, puisqu'elle existe, parfois du reste source, laissent dire les « responsables », le plus d'inconvénients que d'avantages. Bref, le souffle porteur est assoupi et doit être réveillé. Réjouissons-nous à ce titre de l'initiative d'une recherche de convergence fiscale franco-allemande.

Prenons-y garde. L'Europe, dans le monde d'aujourd'hui, perd tous les jours du terrain. S'il subsiste une chance, non qu'elle retrouve son rang de puissance dominante, mais qu'elle conserve simplement une place à la table des grandes personnes et ne soit pas à son tour réduite à l'état de protectorat, ce ne peut être qu'en retrouvant, autour de la France et de l'Allemagne, le souffle créateur d'une démarche fédérative. C'est un objectif extrêmement ambitieux, qui nécessite, de part et d'autre, le soutien d'une opinion publique qui, depuis longtemps, par nombrilisme, a perdu de vue la priorité indispensable de la démarche collégiale.

8

Sonnant… et trébuchant

Pendant que, dans le rétroviseur, je prenais la mesure du chemin parcouru, et que je réfléchissais à ce qui reste à faire, dans des domaines aussi divers que la parité ou l'Europe, pour apporter aux générations montantes un héritage non exempt d'espérances, voilà donc que le monde, secoué par les désordres de la finance, nous a sévèrement rappelés à l'ordre.

Si ma relation personnelle à l'argent ne m'a jamais posé problème, je n'ai pas davantage, très longtemps, jugé nécessaire d'en faire état, *a fortiori* étalage. Dans ma jeunesse, le sujet n'avait d'ailleurs pas droit de cité dans les conversations. On ne parlait pas d'argent, en tout cas devant les enfants. Est-ce pour cela que, trois quarts de siècle plus tard, j'ai éprouvé quelque hésitation à évoquer ce thème ? N'est-ce pas plutôt parce que, notamment dans un temps où le monde, après une étape de progrès matériel certes inégalement réparti, mais globalement sans précédent, s'est à nouveau trouvé victime d'un cataclysme, j'ai eu et conservé le sentiment d'appartenir à une minorité de privilégiés ? Il est exact qu'au fil de l'existence, j'ai fait effort pour échapper à deux servitudes, celle de la pauvreté, je veux dire des fins de mois lancinantes, mais également celle de la fortune, qui m'a toujours paru être lourde de contraintes, et pour tout dire un piège carcéral. Disons que j'en ai toujours évité l'addiction.

Quoi qu'il en soit, voici donc que la « crise » a de nouveau interpellé la planète et, de fil en aiguille, principalement l'Europe, devenue le maillon faible du village mondial, en tout cas affaibli par la dispersion des politiques économiques nationales. Lorsque, voilà vingt ans, la chute du mur de Berlin a donné le coup de grâce à l'économie administrée, on a pu penser que la victoire par KO de l'économie de marché était irréversible. Une génération plus tard, si l'on avait eu en tête que le capitalisme soit le vecteur automatique et sans alternative de la démocratie, force est de constater qu'il fait très bon ménage avec des régimes comme celui de la Chine, dont ce n'est pas la référence.

Venons-en aux signes annonciateurs de la nouvelle tragédie mondiale, dont les « experts » s'accordent à dater l'éruption de la défaillance de Lehman Brothers, en octobre 2008. Les « bulles » qui ont précédé ce cyclone général, dans les domaines de l'internet ou de l'immobilier, avaient certes été peu ou prou circonscrites. Avec la faillite de la banque américaine, on est passé de la « bulle » à la « crise ». Emprunté au grec, au Moyen Âge, le terme de crise n'a longtemps concerné que le domaine de la santé, et défini celle-ci comme « phase aiguë de la maladie ». Ce n'est que beaucoup plus tard que le vocable est venu qualifier les désordres de l'économie. Quoi qu'il en soit, pour les gens de ma génération, la « crise » aura estampillé les deux extrémités de la vie. Nous avons vu le jour à l'époque de ce qui est demeuré, dans l'Histoire, comme la « crise de 29 ». De façon plus précise, après des avertissements inégalement relevés, c'est le jeudi noir 29 octobre 1929 à New York, que s'est déclarée la « phase aiguë de la maladie ». Et voilà qu'au terme de nos existences explose une nouvelle « phase aiguë de la maladie », que l'on peut donc dater du jour de la déclaration de déconfiture de Lehman Brothers.

N'oublions pas, à propos de la crise de 1929, qu'après avoir semé la désolation de part puis d'autre de l'Atlantique, les six millions de chômeurs qu'elle a installés à Noël 1932 dans les villes allemandes ont pesé lourd dans l'accession au pouvoir d'Adolf Hitler et, par voie de conséquence, dans le chemin de croix qui a conduit à la seconde guerre mondiale. Si la leçon a finalement porté, et il est encore bien tôt pour l'affirmer, les signes avant-coureurs de cet immense désordre n'ont pas manqué, sans être pourtant suffisamment pris au sérieux.

J'ai moi-même vécu, voilà vingt ans, un épisode significatif, annonciateur du séisme actuel. À cette époque, marquée par la chute du mur de Berlin, une des premières banques françaises venait de céder à une concurrente allemande une filiale spécialisée dans les opérations d'arbitrages et de marchés. L'acquéreur m'avait demandé de présider le conseil de surveillance de cet établissement, dont les résultats financiers, adossés à toutes sortes d'opérations spéculatives déjà baptisées options, futures, gestions alternatives, produits dérivés, étaient remarquables. Avant d'accepter, j'avais sollicité l'avis des dirigeants de la banque française qui venait de céder cette filiale. Ils m'avaient très vivement suggéré d'accepter la proposition qui m'était faite, tout en me précisant, expressis verbis, « surtout n'essaie pas de comprendre les opérations des salles de marchés, c'est totalement incompréhensible », le qualificatif verbal étant du reste plus cru.

Je me rappelle avoir, à l'époque, vérifié le bien fondé de cet avertissement. Je m'étais fait la réflexion, en constatant que les opérateurs prenaient parfois impunément des libertés avec les seuils qu'ils n'auraient pas dû franchir, que la vieille règle de la double signature des documents comptables comme la présence de deux pilotes dans les cockpits constituaient sans doute d'opportuns dispositifs de sécurité.

Vingt ans plus tard, je me suis dit que l'isolement de chaque opérateur aurait dû en effet être annonciateur du tsunami qui, à l'automne 2008, aurait précipité l'économie mondiale dans un chaos total si le contribuable n'avait volé au secours du banquier et de l'actionnaire. Entretemps, on l'a vu, les alertes n'avaient pas manqué, mais ni l'explosion de la bulle Internet, ni celle de la bulle immobilière n'avaient suffi à convaincre les gouvernants que la déréglementation propre à l'économie de marché n'avait pas réponse à tout, tandis que des couches successives d'ingénieurs et de mathématiciens s'ingéniaient à compliquer les « modèles ». L'un des anciens gourous de Clinton, Joseph Stiglitz, bien placé à ce titre pour apprécier dans cette affaire la part qui incombe au gouvernement américain, publiait fin 2003 un ouvrage à la fois absolutoire et prémonitoire, « The roaring nineties », à la lettre les « quatre vingt dixièmes rugissants », traduit en français sous un titre « Quand le capitalisme perd la tête », qui passe sous silence la responsabilité des autorités fédérales.

Depuis lors, les ingrédients de ce cocktail explosif ont été clairement identifiés et lucidement analysés par toutes sortes d'économistes de talent, médecins légistes de la catastrophe. D'une part, la distribution traditionnelle du crédit étant moins rémunératrice que les opérations de marché, le monde bancaire a eu tout naturellement tendance, au fil des années, à privilégier le développement de celles-ci. De leur côté, soucieux que les facilités d'accès au crédit ne se tarissent pas et que son coût demeure l'attractive compensation des politiques de modération salariale, les pouvoirs publics n'ont pas dissuadé les banques, notamment aux États-Unis, de chercher, à travers ces opérations de marchés, la légitime contrepartie de l'effort effectué pour faciliter l'accès à leurs guichets d'une clientèle de plus en plus étendue, et parfois insolvable. La titrisation, facteur d'amplification du crédit, comme la sophistication de plus en plus poussée des opérations de marchés, ont fait le reste, dans un contexte où la distinction entre la banque de crédit et la banque de financement et d'investissement avait été perdue de vue.

Pour autant, la sphère financière à l'anglo-saxonne semble aujourd'hui n'avoir nullement renoncé à évoluer dans un monde virtuel, générant des profits, des rémunérations et des fortunes totalement hors de proportions avec la croissance de l'économie réelle. Si, bien timidement, Alan Greenspan a battu sa coulpe, les thuriféraires et les praticiens de cet intégrisme libéral, disciples conscients ou non d'Adam Smith et, plus récemment, de Milton Friedmann, n'ont abjuré, au mieux, que du bout des lèvres. Il est pourtant aussi absurde de regarder toute régulation sérieuse comme antinomique de croissance économique réelle que de juger le code de la route contradictoire avec le développement de la circulation.

Quoi qu'il en soit, le tsunami, après avoir frappé la sphère financière, faute de radar dans ce domaine, a propagé le désordre à l'économie, puis au social, entraînant une pandémie de destruction d'emplois, notamment dans un pays comme le nôtre, où le coût du travail est particulièrement élevé. Les fonds souverains sont à leur tour entrés dans la danse, mais dès que les sauterelles ont perçu que le front monétaire de l'euro, faute de coordination des politiques économiques des membres de l'Euroland et de transparence des comptes publics, présentait des points faibles, elles s'y sont engouffrées, mettant en danger la monnaie unique, dont il est clair qu'elle ne résisterait pas à un découplage entre l'Allemagne et la France.

À ce stade, à l'heure où j'écris ces lignes, à mi-2010, rien n'est acquis, si ce n'est, semble-t-il, que tous les continents que l'on dit « émergents », par habitude de langage car, à force d'être émergents, ils sont de plus en plus émergés, sortent renforcés de la crise qui, pour l'Europe, aura peut-être sonné définitivement le glas de sa domination et annoncé la consécration de son déclin. Rien ne permet d'affirmer que la leçon aura porté. Partout ailleurs qu'en Europe, la croissance a repris sur le dos de millions de chômeurs, mais il demeure, au-delà des quelques mesures optiques prises pour calmer l'opinion publique, là où elle peut s'exprimer, clôture de paradis fiscaux, cadrage de bonus, ou gros yeux aux agences de notation, que la « ruée vers l'or » a repris tous ses droits dans les comportements individuels et collectifs de la sphère financière. Sans doute continuera-t-on, ici et là, à « titriser » des actifs toxiques et à les commercialiser, ce qui évoque irrésistiblement le « mistigri », jeux de cartes de mon enfance.

Plus généralement, l'économie de marché, toujours apatride, déférant à tout instant aux mirages de la croissance virtuelle, pourrait bien dériver à nouveau dans les turpitudes qui ont manqué l'emporter. Je dis bien dériver. Le choix des mots a son importance, et les entorses à la sémantique ne procèdent pas toujours du hasard. Il y a vingt ans déjà, le domaine considéré était celui des produits « dérivés », version francophone des « derivatives » d'inspiration anglo-saxonne, intitulé qui affiche clairement le choix d'une « dérive ». Je ne suis pas sûr, à défaut d'une gouvernance mondiale imposant le respect d'un minimum de régulation déontologique, que la démocratie à l'occidentale résisterait à un second choc du type de celui dont, par miracle, nous venons de sortir.

Nous voici ainsi ramenés à un carrefour dont on notera qu'il n'est pas dénué de consonances religieuses. Au fil des siècles, alors que le catholicisme persistait à diaboliser le profit, c'est l'église réformée à l'anglo-saxonne qui l'a réhabilité, rejoignant une certaine tradition juive. Or aujourd'hui, paradoxalement, ce sont les embardées de la sphère financière déréglementée, sur le modèle anglo-américain, qui menacent l'un des fondements majeurs de l'économie de marché, je veux dire son acceptabilité sociale. Il s'agit bien, en la circonstance, de retrouver la voie de la sagesse, celle de l'économie sociale de marché. L'Europe rhénane, d'inspiration franco-allemande, devrait, pour sa sauvegarde, pour l'équilibre du monde, et plus simplement pour la paix, se soucier de siffler la fin de la récréation. Le couple franco-allemand a mieux à faire que de se quereller et, dans ce couple, la cigale a mieux à faire de s'inspirer de la fourmi que de lui faire la morale.

9

« Celui qui croyait au Ciel, celui qui n'y croyait pas… »[17]

Quelque regret qu'il m'arrive d'en éprouver, je n'ai pas croisé Dieu. J'ai certes été élevé dans le respect des traditions comme dans la distinction entre le Bien et le Mal, mais surtout dans un culte intransigeant de la laïcité, la laïcité pure et simple, qu'il est inutile de qualifier. J'évite le terme de tolérance, pour ne pas m'entendre dire qu'« il y a des maisons pour cela », mais c'est bien de la tolérance qu'il s'agit, consacrée chez nous par la loi de 1905, héritage le plus précieux de la IIIe République, après tant de combats. Ajoutons que l'adolescence, qui est souvent l'âge des choix fondamentaux, a coïncidé dans mon cas avec la seconde guerre mondiale, porteuse de plus de doutes que de Foi.

17. Premiers mots de l'admirable poème d'Aragon, la rose et le réséda, dédié à Gabriel Péri, Honoré d'Estienne d'Orves, Guy Mocquet et Gilbert Dru.

Au passage, je note une fois encore combien la mémoire est facétieuse, sélective faudrait-il dire. Ainsi, j'ai été surpris de redécouvrir récemment un ouvrage sur la Chine, reçu en juillet 1938 au terme de la classe de 5e au titre d'un « 1er prix d'instruction religieuse » et dont je n'avais conservé aucun souvenir (Annexe VI).

Après la tornade de la seconde guerre mondiale, et au fil de la deuxième moitié du XXe siècle, j'ai eu le sentiment, comme tout le monde, que l'œcuménisme avait le vent en poupe, au moins dans la sphère occidentale. Ici et là, même si en Palestine, en Irlande, dans les Balkans, ailleurs encore, les guerres de religion, lorsqu'elles ne nourrissaient pas la une des journaux, persistaient à couver sous la cendre ou à gouverner l'ordre social, le temps des croisades paraissait révolu. Vatican II m'avait paru de bon augure, tout comme l'élection au Saint-Siège de Jean XXIII, ce cardinal Roncalli qui, nonce à Istambul pendant la guerre, s'était distingué dans le sauvetage de Juifs.

Et puis, voilà qu'avec la relève du siècle et du millénaire, c'est le terrorisme, islamique cette fois, gorgé de frustrations, qui a relancé la violence à grande échelle. La date du 11 septembre 2001, avec l'attentat majeur des « twin towers » de New York, est désormais gravée dans le marbre de l'Histoire, et apparaîtra peut-être, avec le recul du temps, comme celle du déclenchement d'une 3e guerre mondiale. Cela étant, le pire n'est jamais certain. Gardons en mémoire qu'avec la chute du mur de Berlin, plus souhaitée qu'attendue, inespérée à l'automne 1989, la planète a échappé à l'affrontement global entre la sphère du communisme et l'occident, dont la menace avait pesé sur le monde, des décennies durant, aux beaux jours de la guerre froide.

Je crois bien que Simone, comme moi, s'est toujours méfiée du risque d'aliénation que véhiculent les religions, ces sectes qui ont réussi. Cela ne nous a nullement privés, l'un et l'autre, d'apprécier les apports individuels et collectifs de la Foi, même si nous ne la partageons pas.

Il est vrai que la perspective de l'au-delà aide les croyants à faire face à tous les mécomptes, à toutes les frustrations, à toutes les douleurs de l'existence. Dans la mesure où l'exercice des religions, monothéistes ou non, est porteur d'espérance et de sérénité, qui pourrait s'en plaindre ? Qui pourrait faire grief à la religion d'aider la population haïtienne à survivre à la catastrophe qui a frappé Port au Prince, même si l'on s'émerveille de cette Foi en un Dieu qui, ce jour-là, devait avoir la tête ailleurs. Convient-il pour autant, comme Bonaparte, d'affirmer qu'« il faut que le peuple ait de la religion » ? Je préfère penser que c'est la République qui a besoin de croyants.

Qui pourrait, pour autant, méconnaître la part du sacré dans le patrimoine culturel de l'humanité. Si je n'ai pas rencontré Dieu, je ne conteste pas qu'Il ait inspiré nombre d'écrivains, de peintres, d'architectes, de compositeurs. En traçant ces mots, je pense par exemple à Jean-Sébastien Bach, pour moi le cinquième et le plus tangible des évangélistes. Je pense à tous les bâtisseurs de cathédrales. La pénombre et le silence qui prévalent dans les édifices religieux se prêtent au recueillement et à la méditation. Le mécréant que je suis n'y échappe pas, même s'il a parfois le sentiment, assis dans une église, d'être en visite dans une filiale. Pour autant, les merveilles du sacré, offertes à nos yeux et à nos oreilles, ne sauraient faire oublier les fleuves de sang qui ont jalonné l'histoire de l'humanité, sans donner aujourd'hui le sentiment d'être taris. Des croisades à la Saint-Barthélemy, de la révocation de l'édit de Nantes à la destruction des Juifs d'Europe, les siècles vécus sont émaillés de ces tragédies majeures.

Le fondamentalisme, sous toutes ses formes, découle de la Foi, parce que, consciemment ou non, toute religion véhicule une exigence d'exclusivité, tantôt ouvertement revendiquée, tantôt subtilement distillée, revêtue des oripeaux de la convenance. Faut-il donc réhabiliter des prêtres négationnistes ? Est-il convenable de béatifier un Pape au moins coupable d'autisme au temps de la Shoah, dont le Saint-Siège ne pouvait ignorer l'existence ?

Ma femme et moi avons longtemps fréquenté le cardinal archevêque de Paris, Jean-Marie Lustiger, notre contemporain, personnalité éclairée, aussi attachante qu'éminente. Sa conversation avec

Simone se focalisait volontiers sur Auschwitz, où sa mère avait été assassinée. Dans les derniers temps de la maladie qui devait l'emporter, il avait demandé à ma femme d'évoquer sa judéité, le jour de ses obsèques, sur le parvis de Notre Dame. Nous ne saurons sans doute jamais quel a pu être le motif du contrordre venu de la hiérarchie.

10

L'enfer

Si je ne crois guère au Ciel, force est de constater, en pensant à l'univers concentrationnaire, que l'enfer n'est pas absent de la planète.

Il est des chiffres, des nombres, des numéros qui vous collent à la peau. Il en est un, 78.651, tatoué sur le bras gauche de Simone, entré dans ma vie au cours du premier hiver de l'après-guerre, qui n'en est plus ressorti. Certes, dès la fin des hostilités, j'avais découvert avec stupeur sur le bras d'une de mes sœurs, rescapée d'Auschwitz, le tatouage qu'elle portait 75.945. Elle était arrivée au camp quelques semaines avant Simone.

Dans cet essai tardif, j'ai longuement hésité à évoquer la terrifiante problématique du génocide. N'ayant pas moi-même été déporté, je ne me suis jamais senti tout à fait légitime à disserter d'un sujet pourtant central de notre temps, qui a donné lieu à une abondance de travaux, certains forts utiles pour l'Histoire, même si leurs auteurs ont parfois donné le sentiment de se construire là des fonds de commerce réservés.

A contrario, la déportation demeure dans la vie de Simone une composante si essentielle, si permanente, si quotidienne, qu'il n'est pas possible de la passer sous silence, après deux tiers de siècle d'existence partagée.

À dire le vrai, le terme de déportation est lui-même ambigu, dans son contenu, utilisé qu'il a été pour qualifier aussi bien le STO, le Service du Travail Obligatoire, que les travaux forcés en camp de concentration et la destruction des Juifs d'Europe, ultérieurement baptisée holocauste, puis Shoah, en hébreu catastrophe. Cette « solution finale », traduction exacte de la « Endlösung », consacrée en janvier 1942 à la conférence de Wannsee, est évidemment spécifique, et son unicité est faite de plusieurs éléments. L'expression, tout d'abord, est elle-même terrifiante, dans ce qu'elle annonce de définitif. Au-delà du verbe, il s'agit bien d'un processus industriel de mise à mort des Juifs, ainsi que des Tsiganes, passés du reste trop volontiers sous silence, tout cela après le galop d'essai, dès la naissance du IIIe Reich, de l'assassinat, encore artisanal, mais déjà systématique, des handicapés.

Il est un autre ingrédient, plus subtil, et que deux tiers de siècle plus tard, je n'ai pas exorcisé. La Shoah est un sujet qui, pour ceux de nos contemporains qui n'en sont pas les quelques rescapés, est enfermé dans une insoluble contradiction. On ne peut, ni en parler avec les survivants, du reste en voie de disparition, ni la passer sous silence. C'est là une différence de nature qui la distingue fondamentalement des autres volets de l'univers concentrationnaire. Tandis que les travaux forcés constituaient la finalité des camps de concentration, les camps d'extermination étaient des abattoirs industriels, conçus et exploités comme tels. Ceux qui en sont revenus ne supportent pas la confusion, a fortiori la banalisation, dont on sait bien qu'elle n'est pas toujours innocente. Ils ne parlent volontiers de leur vécu qu'entre eux, mais abondamment, et parfois en riant des épisodes les plus tragiques.

Dès la fin de la guerre, avec la découverte stupéfiante de l'univers concentrationnaire, les camps, lato sensu, ont donné lieu à une abondante littérature, sous des signatures aussi diverses que celles de David Rousset, d'Eugen Kogon ou de Germaine Tillion, de bien d'autres, sans que la différence de nature entre les camps de concentration et les camps d'extermination soit à l'époque clairement mise en exergue.

J'ai souvenir quant à moi d'avoir, encore en uniforme, traversé rapidement le camp de Dachau, aux portes de Munich, moins d'un mois après sa libération, au printemps 1945. Le vide, l'immobilité et le silence étaient impressionnants. À l'automne de 1949, j'ai visité Mauthausen, à la sortie de Linz, guidé par le Révérend Père Michel Riquet, ancien pensionnaire de cette villégiature. Il y avait encore, sur la petite route serpentant à la limite ouest des barbelés, un écriteau rappelant l'interdiction de prendre des photographies, « sous peine de mort ». Cette pancarte donnait à penser que les riverains n'ignoraient pas grand-chose du « KZ », disait-on à l'époque. Dans les années qui ont suivi, Simone et moi sommes allés à Bergen Belsen, rasé par les Britanniques dès la libération. J'ai pu découvrir Neuengamme, dans la banlieue de Hambourg, et sans aller aussi loin, le Struthof-Natzweiler, dans les Vosges, aux portes de Schirmeck, chez nous. Et puis, plus récemment, après la réunification de l'Allemagne, sur la route menant à Dresde, j'avais souhaité voir ce qui demeurait du commando d'Ohrdruf, sinistre annexe de Buchenwald, dont je me souvenais qu'Eisenhower, horrifié, l'avait visité à la fin des hostilités. J'ai compris que le camp, après 1945, avait été utilisé par les Soviétiques. Dans les années 90, il n'en restait nulle trace. Dans ce lieu de souffrances, j'ai eu une pensée pour Jean-Sébastien Bach qui, orphelin à dix ans, a vécu cinq années chez l'aîné de ses frères, organiste à Ohrdruf à la fin du XVIIe siècle. Dans tous ces camps, la mort n'était pas l'objectif immédiat de la déportation, même si, pour le plus grand nombre d'entre eux, les déportés étaient réputés NN, Nacht und Nebel, nuit et brouillard.

Des hauts lieux de l'extermination, des abattoirs industriels, principalement localisés en territoire polonais, il subsistait moins encore, à la fin de la guerre, que des camps de concentration, parce que les Allemands, soucieux de ne pas laisser trace de leurs forfaits, avaient détruit Belzec, Treblinka, Maïdanek, Sobibor. Seul sans doute, le site des 175 hectares de Birkenau, Auschwitz II, laisse peut-être une idée de ce qu'a été le cadre de ce haut-lieu du mal. Encore ne demeure-t-il des ensembles que constituaient les chambres à gaz et les fours crématoires que des chaos de béton. Dans ce décor en ruines, il manque surtout l'atmosphère quotidienne du camp, que rien ne peut évidemment reconstituer.

Hors tout pèlerinage de groupe, j'ai fini par m'y rendre avec Simone, avant qu'il soit trop tard, et j'ai enfin visualisé, auprès d'elle, l'environnement qu'elle m'avait jadis décrit, la Judenrampe où elle avait débarqué avant la sélection, le block où elle avait vécu, la « coya », où elle dormait, la prolongation de la voie ferrée jusqu'aux chambres à gaz II et III, pour gagner du temps dans le traitement des convois de Juifs hongrois.

En déambulant dans ces allées, enveloppées de silence, je repensais à des détails qu'elle m'avait jadis confiés, alors même que je l'ai souvent entendue dire qu'on n'avait pas écouté les survivants. Comment, par exemple, aurais-je imaginé et gardé en mémoire que les femmes enceintes par hasard entrées dans le camp avaient droit à la nourriture des SS jusqu'au jour de la naissance, où le nouveau-né était gazé ? Dans cette abjection, il y avait place pour le sadisme

Nous avons quitté les lieux sur la pointe des pieds, avec en tête, une fois encore en ce qui me concerne, l'éternelle question, sans réponse à ce stade. Comment cette horreur a-t-elle pu se produire dans des pays aussi civilisés que les nôtres ? J'ai repensé à la villa bourgeoise de Wannsee, cette sorte de bois de Boulogne berlinois, où la feuille de route de la Shoah a été mise au point, en janvier 1942, sous la houlette de Reinhardt Heydrich. J'ai repensé aux quelques « fournisseurs » français de ce massacre industriel que plus tard, au fil de l'existence, il m'a été donné de croiser, avant d'apprendre, plus tard encore, qu'ils avaient été des maillons, conscients ou non, de cette chaîne infernale. Le maître de conférences que j'ai eu à Sciences-Po, en 46/47, éminent juriste, comment aurais-je deviné que, dans l'été de l'armistice, il avait dirigé le cabinet d'Alibert, ce garde des sceaux qui prépara, hors toute requête des autorités d'occupation, le premier statut des Juifs, celui d'octobre 1940 ? Comment aurais-je imaginé que le préfet qui dirigeait mon stage d'énarque dans l'Indre, en 1953, et qui commençait toutes ses phrases en se référant aux Côtes du Nord – et pas encore d'Armor – d'où il arrivait, qu'il avait été, dix ans plus tôt, le collaborateur de Jean Leguay, le délégué de René Bousquet auprès des autorités allemandes, à Paris ? J'ai repensé à Bousquet lui-même, qu'à ma grande honte, j'ai côtoyé, sans l'identifier, dans les années 70, au Conseil d'Administration d'UTA. L'humiliation majeure que j'ai éprouvée, en apprenant un jour qui il était, ne s'est jamais tout à fait estompée.

11

Chaleureusement vôtre…

Tandis que la perspective d'une nouvelle guerre mondiale, sur le modèle des deux conflits généralisés qui ont meublé la première moitié du dernier siècle, paraît définitivement éloignée, le monde est aujourd'hui globalement menacé par le réchauffement climatique, tel qu'il procède essentiellement du recours intense aux combustibles fossiles, le charbon, le pétrole, le gaz pour répondre aux besoins énergétiques d'une population en rapide croissance.

Alors que le sujet fait encore débat dans le monde souvent péremptoire des scientifiques, le réchauffement, lié aux gaz à effet de serre, entraîne depuis quelques années des désordres climatiques de plus en plus violents, de plus en plus dramatiques. Entre-temps, depuis un demi-siècle, l'écologie s'est installée dans la sphère politique, mais sans y trouver exactement sa place, alors que, désormais le temps presse. Les démographes, qui s'opposent volontiers les uns aux autres, s'accordent aujourd'hui à penser que la population du globe devrait encore progresser de 50 % d'ici 2050, et la question se pose de savoir comment la planète pourra supporter une population de 9 milliards d'individus sans mettre en cause ses équilibres fondamentaux, et notamment sa climatologie. Nous voici donc interpellés, sans échappatoire, par la problématique multidimensionnelle de protection de l'environnement, et donc de la survie de l'humanité.

Je n'ai jamais été tout à fait à l'aise avec l'écologie, ou plutôt avec ses thuriféraires les plus sonores. Autant la protection des richesses de la planète m'a souvent paru insuffisamment assurée, autant, dès que le concept a fait surface, voilà un bon demi-siècle, j'y ai perçu un relent de trotskisme. C'était l'époque où le Club de Rome préconisait déjà la croissance « douce ». Nous abordions le dernier tiers d'un siècle, le XXe, qui aura vu la population du globe passer d'un milliard et demi à six milliards de résidents, et je ne voyais pas comment la croissance douce permettrait de faire face à la progression des besoins.

Depuis ces années-là, le paysage a bien changé, mais le tropisme gauchiste des tenants du développement durable n'a pas disparu, malgré les efforts de la droite pour « revenir au score ». L'allergie des écologistes à l'égard de l'énergie nucléaire, seul moyen sérieux, pour longtemps, de faire face aux besoins de croissance de l'humanité, me paraît d'aussi mauvais aloi. Il y a dans tout cela, me semble-t-il, une confusion des genres, car la protection des ressources de la planète ne devrait pas être confondue avec la défense ou la réforme de l'ordre social.

Bien avant que la menace du réchauffement climatique par les gaz à effet de serre n'inquiète l'opinion, ici et là, et ne provoque l'étrange jumelage verbal entre une vieille capitale japonaise, Kyoto, une commune de la banlieue parisienne, Grenelle, et le berceau de la « petite sirène », Copenhague, la démarche des énergies renouvelables m'avait interpellé. J'étais déjà convaincu que, dans la relève des combustibles fossiles, menacés à la fois par leur raréfaction et par leur nuisance, l'énergie nucléaire était incontournable, sans pour autant que l'éolien, le solaire et la biomasse, si marginaux fussent-ils, soient interdits de séjour dans le bouquet énergétique. Encore l'éolien fait-il l'objet de réticences légitimes lorsqu'il pollue des paysages qui font la beauté du monde. Encore la filière du bois, qui va d'une forêt exceptionnelle à une industrie déficiente, mériterait-elle moins de laisser-aller de la part des pouvoirs publics, au détriment de l'intérêt général, de la balance des comptes, de la lutte contre la pollution et le réchauffement.

Pendant une vingtaine d'années, j'ai pour ma part accompagné une entreprise qui, sous les tropiques, développait une production d'électricité par utilisation de la bagasse, la paille de la canne à sucre.

Avec le nucléaire, j'ai des souvenirs datés. Lorsque Simone avait quitté le gouvernement, au seuil de l'été 1979, pour le Parlement européen, le Président Giscard d'Estaing lui avait confié la présidence d'un Comité d'information électronucléaire, dont la mission était contenue dans le titre. J'ai vérifié, à l'époque, que le « gaullisme », dans le droit fil de la stratégie déjà esquissée par Félix Gaillard avant mai 1958, avait conforté l'indépendance énergétique de la France, préférant courageusement la filière américaine à eau pressurisée à la filière domestique à graphite-gaz, sans pour autant réconcilier l'opinion, encore marquée par Hiroshima, avec l'énergie nucléaire. Héritée de Pierre Guillaumat et d'André Giraud, dominée donc par la confraternité du corps des mines, la filière n'était pas particulièrement habitée par le souci de la communication avec le public. Le mot d'ordre était plutôt « circulez, il n'y a rien à voir ». Au fil des quelques années de sa mission, j'ai entendu ma femme se plaindre continûment de la réticence de ses interlocuteurs à « informer » l'opinion des différents aspects de cette problématique, y compris, bien entendu, des difficultés à maîtriser le problème du traitement des déchets.

Fort heureusement, les anti-nucléaires n'ont pas trouvé en France de porte-parole aussi éloquent que Joschka Fischer en Allemagne, et nous avons, cahin caha, bien que privés de pétrole, de gaz, de charbon exploitable, préservé l'héritage d'un taux élevé d'indépendance énergétique compétitive.

Aujourd'hui, après l'échec de Copenhague comme dans la nécessaire relance de la construction de l'Europe, la France occupe, dans ce domaine de l'énergie, une position forte, et pourrait aider l'Allemagne, que l'embargo du nucléaire a handicapée. Alors que nos voisins, depuis vingt ans, ont fait mieux que nous dans la maîtrise des finances publiques comme dans la sauvegarde de leur compétitivité industrielle, et même agricole, l'énergie est bien, sans doute avec le dynamisme de notre démographie, l'un des rares points forts de notre tableau de bord national. Jean Monnet, s'il était parmi nous, aurait peut-être l'idée de poser les jalons, à partir du couple franco-allemand, d'une Communauté Européenne de l'Energie.

12

Où va-t-on ?

Au terme de ce périple en désordre, que le lecteur aura eu la faiblesse de parcourir avec moi, je m'aperçois qu'il est difficile de répondre à cette question, tant le paysage qui nous entoure s'avère contrasté et mouvant. Pourtant, présente en tous temps, dans tous les esprits, l'interrogation, à la mesure du souci que chaque génération se fait de l'ascenseur social offert à sa descendance, est aujourd'hui d'autant plus lancinante que, depuis bien longtemps, sinon jamais, la réponse n'a été aussi incertaine.

On ne risque guère de se tromper en imaginant que, dans l'ensemble des pays considérés comme émergents, la Chine, l'Inde, le Brésil, notamment, dont la crise a accéléré le développement, avec des taux de croissance à deux chiffres, l'ambiance se soit teintée d'euphorie, même si, ici et là, des catastrophes climatiques ou des conflits locaux et meurtriers nourrissent une actualité dramatique, même si quarante millions de Chinois, il est vrai sur une population d'un milliard trois cents millions, vivent encore en deçà du seuil de pauvreté.

Certains pays périphériques, tels le Canada et l'Australie, paraissent avoir assez bien tiré leur épingle du jeu. Les États-Unis et le Japon peinent à reprendre leur souffle. La Russie n'a pas encore exorcisé le traumatisme que lui a infligé l'explosion de l'URSS. Quant à l'Afrique, voilà qu'elle sort d'une torpeur millénaire

Dans cette redistribution des cartes, reste le cas de notre vieille Europe, pacifiée après des siècles de conflits, mais où la vie en communauté n'a pas totalement effacé les empreintes nationales héritées de l'Histoire. La « crise » a réveillé ces atavismes. Du coup, la Grande-Bretagne est moins que jamais disposée à larguer les amarres atlantiques. L'Allemagne, quant à elle, focalise son attention sur la stabilité de la monnaie, son drapeau depuis le désastre de la seconde guerre mondiale. Elle y a puisé le courage de faire les réformes qui, après lui avoir permis d'assumer le poids de sa réunification, consolident la compétitivité de son économie, en dépit du contexte inquiétant d'une démographie déclinante. La France, de son côté, n'a pas abjuré un « modèle social » qui, depuis bien longtemps, a privilégié le train de vie de l'État-providence sur l'effort, à la charge des générations futures et de nos partenaires de l'Euro, sans pour autant assurer la compétitivité de son industrie et l'intégration d'une population fortement nourrie par l'immigration, et également par le dynamisme de la natalité. Le taux élevé de destruction des emplois dans l'industrie, occulté par la bonne santé relative du CAC 40, donne à penser qu'il vaut mieux chez nous être actionnaire que salarié. Il y a là un sentiment qui n'est guère favorable au pacte social, ce choix de « vivre ensemble » qu'évoquait Renan.

Naguère encore, les distances séparant, d'un bout à l'autre de la planète, le monde occidental des "pays en voie de développement", comme on disait par euphémisme, facilitaient l'acceptabilité d'écarts de niveaux de vie auxquels l'avion et la télévision commençaient seulement à sensibiliser les uns et les autres. J'en reviens une fois de plus à Chateaubriand, qui écrivait en 1840, dans une société française étroitement cloisonnée "La trop grande disproportion des conditions" et des fortunes a pu se supporter tant qu'elle a été cachée ; mais "aussitôt que cette disproportion a été généralement aperçue, le coup" mortel a été porté. Recomposez, si vous le pouvez, les fictions "aristocratiques ; essayez de persuader au pauvre, lorsqu'il saura bien" lire et ne croira plus, lorsqu'il possédera la même instruction que "vous, essayez de lui persuader qu'il doit se soumettre à toutes les" privations, tandis que son voisin possède mille fois le superflu pour "dernière ressource il vous le faudra tuer."

Qu'annoncerait-il aujourd'hui, où la révolution numérique a irrévocablement désenclavé la planète, effaçant le temps et l'espace, affichant aux yeux des plus démunis les extrêmes richesses des nantis, tout en offrant à chaque être humain le moyen de s'évader de l'enfermement collectif et de la solitude individuelle.

Internet, il m'arrive souvent de penser que c'est le meilleur et le pire. Le pire, c'est le vecteur majeur, dit-on, de propagation de la pédophilie et de tous les trafics, de la drogue au terrorisme. Le meilleur, c'est la propagation de l'activité, de la connaissance, de la santé, et même de la démocratie, dans les pays encore privés de la souveraineté qu'offre le choix des bulletins de vote.

À dire le vrai, je pense que l'on n'a pas encore pris la mesure de cette révolution et des perspectives qu'elle ne fait encore qu'esquisser. Dans le bras de fer entre Google et les autorités chinoises, je ne vois pas comment, à terme, Internet pourrait perdre la partie. Dans les vieux pays comme le nôtre, où le champ de vision de mes contemporains se limite encore souvent au périmètre des mots croisés, Internet va, peu à peu, et sans doute plus vite qu'on ne le pense, gagner la bataille de la lutte contre la solitude. Le temps, la distance, le silence, ces fondamentaux appartiennent au passé, quelque nostalgie que l'on ressente à les voir disparaître. Désormais, la pression de l'immédiat est omniprésente.

Paradoxalement, dans un contexte où, en Europe, en France en tout cas, l'espérance de vie progresse d'un trimestre par an, ce qui conduit souvent, désormais, nos enfants à être retraités avant d'être orphelins, on voit bien à quel point les batailles de retardement conduites pour ne pas différer l'âge de la retraite sont anachroniques.

Où donc allons-nous ? La réponse implique que chacun fasse abstraction de son humeur personnelle, en même temps que du climat ambiant d'une société crépusculaire et d'une jeunesse effervescente, toujours disponible et qu'il faut réconcilier avec l'emploi. Cela étant, entre l'optimisme qui m'est naturel et la morosité résignée ou révoltée qui imprègne le pays, je persiste à penser qu'il n'existe pas de fatalité du déclin. Deux considérations m'incitent en effet à croire que le pire n'est jamais certain. C'est d'une part le hasard des circonstances, hasard qui défie toute les prévisions, d'autre part la ressource inépuisable de courage de certains acteurs de l'Histoire.

Cette Histoire, elle est meublée de ces imprévisibles gravillons qui, parfois, ont marqué de manière décisive son évolution. On évoque volontiers la mort de Louis XVI ou l'avènement de la IIIe République, acquis chaque fois à une voix de majorité. Je pense à des grains de sable plus récents, qui par exemples en 1940 et en 1989, ont décidé du cours des événements. À la veille de l'offensive allemande de mai 1940, le Premier Ministre britannique, Neville Chamberlain, épuisé, portait sa démission au Roi George VI, qui n'avait le choix, pour lui succéder, qu'entre Churchill et

Halifax. Eut-il désigné Halifax, le pacifiste, qu'Hitler et la Grande-Bretagne eussent très probablement trouvé un arrangement amiable préservant les îles britanniques de l'invasion, mais consacrant, sans doute pour longtemps, la domination continentale de la croix gammée. Cette anecdote historique, rarement évoquée, n'écorne en rien le mérite de Charles de Gaulle, l'homme du 18 juin 1940, dont nul ne conteste la grandeur. Plus près de nous, en 1989, c'est à Gorbatchev que l'on doit de nous avoir évité une troisième guerre mondiale en acceptant l'ouverture du monde carcéral de l'URSS et la chute du mur de Berlin. Soit dit en passant, on n'a pas encore rendu à l'ancien Président de l'URSS l'hommage qu'il mérite.

Quoiqu'il en soit, on voit bien, à travers ces précédents, qu'il n'est pas de fatalité. On voit bien aussi, en les évoquant, que le courage est la vertu majeure des responsables politiques. Trop souvent, ceux-ci se prêtent à l'habileté, à la complaisance. Ayant le privilège d'accompagner, depuis deux tiers de siècle, la femme la plus chère au cœur des Français, j'atteste que la popularité n'est pas toujours le fruit de la démagogie et qu'elle procède parfois de la lucidité et du courage. C'est du reste ce qui fait la noblesse, certes dispensée avec parcimonie, de la politique.

Au moment pour moi de mettre fin à cet essai, la France ne va pas très bien. Elle bénéficie pourtant d'atouts considérables, sa natalité, sa compétitivité énergétique, sa richesse culturelle et touristique, le tonus de ses activités tertiaires, notamment. Pour autant, dans la compétition désormais mondiale, elle perd du terrain. Ses échanges extérieurs sont en berne. Son industrie se délite et détruit des emplois. Sa dette souveraine est préoccupante. Bref, elle n'est pas le bon élève de l'Europe.

À l'âge qui est le mien, à défaut du naufrage qu'évoquait Charles de Gaulle, on ne peut guère que se contredire ou se répéter. Au risque d'être regardé comme redondant, je prendrai donc le parti de la redite. Dans les années qui viennent, au fil desquelles la géographie du monde va achever de se recomposer, il est urgent de relancer une Europe dont Hallstein affirmait que telle une bicyclette en panne de mouvement, elle ne pourrait que choir. Il faut donc réveiller cette Europe qui, aujourd'hui, ne nourrit aucun projet. Au fil de mon parcours, je n'ai pas dévié. La France, dans la plénitude de son identité, n'aurait aucune chance de survivre au déclin de l'Europe, et la relance de notre Europe, aujourd'hui immobile, ne peut procéder que de la restauration de son aile marchante, le couple franco-allemand, dont chacun aura perçu, à travers mon propos comme entre les lignes, qu'elle est affaire de pédagogie et d'imagination. De pédagogie, parce que l'idée s'est perdue, dans l'opinion, de part et d'autre du Rhin, que l'Allemagne et la France ont besoin l'une de l'autre, et qu'il n'est pas d'alternative à ce que ce couple ressoudé ouvre la voie à une relance de la construction de l'Europe, condition de sa présence, demain, dans la cour des grands.

Pour vaincre l'autisme actuel et développer cette pédagogie, il est clair que les élus, libéraux, chrétiens-démocrates ou sociaux-démocrates, ont tous, en Allemagne et en France, une responsabilité majeure de mobilisation des jeunes générations. D'imagination, parce qu'il s'agit, hors tout nouvel aménagement institutionnel, de valoriser quelques complémentarités virtuelles des deux pays, dans les domaines évoqués tout au long de cet essai, et notamment l'industrie, la finance, la culture, la recherche.

L'avenir de l'Europe relève ainsi du retour à une intimité franco-allemande. Hâtons-nous. Les temps sont comptés.

Août 2010

Annexes

Annexe I. Dessin de Plantu

Annexe II. Échange de lettres avec Jacques Chirac

ANTOINE VEIL

Le 29 novembre 2002

Personnel & Confidentiel

Mon cher Jacques,

Jérôme (1), auquel j'ai fait visite mardi matin, m'a suggéré de te faire tenir directement, par écrit, le propos que je lui ai infligé, pensant qu'il était susceptible de t'intéresser. Je t'adresse donc ces quelques lignes, en mesurant bien ce qu'il peut y avoir d'irrévérence et de prétention à écrire au Président de la République pour l'entretenir, à titre personnel, des problèmes de l'Etat ! Il est vrai qu'à mon âge, il faut se dépêcher d'aller à l'essentiel.

Je ne reviendrai pas sur le septennat écoulé, qui ne m'a pas comblé, pas plus que toi, sans doute. Et puis, voilà que, par une sorte de miracle, une nouvelle profondeur de champ de cinq ans t'est offerte, et j'ai aujourd'hui la conviction que ce crédit peut te permettre, au profit du pays, de t'inscrire dans l'Histoire.

Plus que jamais, je pense que, dans le monde ouvert et dangereux qui nous entoure, la dimension européenne est seule en mesure de sauvegarder les intérêts et l'identité de notre France. Je le pensais déjà il y a trente ans, et je t'en sens moins éloigné qu'au temps de l'hôpital Cochin. Tout cela, bien entendu, à condition que cette Europe soit une entité musclée, et non pas une zone molle de libre échange, façon britannique. Dans ce contexte, l'élargissement en cours étant incontournable, le partenariat franco-allemand reste à mes yeux, sans alternative, la colonne vertébrale de cette construction, sans précédent dans l'Histoire. Lorsque je réfléchis à la manière dont les choses se sont faites, depuis un demi siècle, je constate que chaque pas significatif a été dû à l'initiative personnelle de tel ou tel des meneurs du jeu. Je pense à Monnet, à Schuman, à Adenauer, à Giscard, peut-être à Mitterrand avec le discours du Bundestag de 1983, à Kohl surtout, dont je me demande parfois s'il n'a pas été le plus grand homme d'Etat français des vingt dernières année, en apportant le Mark dans la corbeille de la monnaie unique.

./.

Monsieur Jacques CHIRAC
Président de la République
Palais de l'Elysée
55, rue du Faubourg Saint-Honoré
75008 PARIS

(1) Il s'agissait de Jérôme Monod

Tout cela pour dire que je pense qu'il existe aujourd'hui une fenêtre de tir pour une relance spectaculaire de ce partenariat franco-allemand, ankylosé depuis cinq ans. Faut-il attendre les résultats des travaux de la Convention ? Je ne crois pas, d'une part parce qu'on ne sait jamais quand les fenêtres de tir se referment, d'autre part parce que la Convention se focalise, pour l'essentiel, sur une démarche conjointe des vingt-cinq membres de l'Union, donc sur le moins-disant , alors que le couple franco-allemand doit galoper en tête de peloton.

Quelle pourrait être l'initiative de la France ? A titre d'exemple, j'ai pensé à la percussion politique qu'aurait une mise en facteur commun, franco-allemand, du siège permanent que nous occupons au Conseil de Sécurité. Peut-être faudrait-il préciser que cette disposition devrait être temporaire et prendre fin le jour ou les Allemands eux-mêmes, ou l'Union, disposeraient d'un siège permanent, en propre. Sans doute peut-on penser à d'autres choses, dans le domaine prioritaire de la politique étrangère et de la défense, en dépit des corporatismes souverainistes de nos administrations et de nos entreprises.

Voilà, en substance, ce que j'ai dit à Jérôme et que je te répète, avec le mélange de forte conviction et de grande modestie qui s'impose. Je perçois réellement, probablement comme beaucoup de nos concitoyens, que, sur ce problème franco-allemand, qui me paraît commander tout le reste, le pays attend de toi que tu dises et que tu fasses quelque chose, après l'arrangement sur la PAC et de la coordination police-justice, dont tout le monde se réjouit.

Pour peu que tu aies eu le courage de lire ce message jusqu'au bout, sache que je t'en ai une profonde gratitude, et crois, mon cher Jacques, à mon inoxydable affection, ainsi qu'à mes vœux de joyeux anniversaire.

Antoine VEIL

LE PRÉSIDENT DE LA RÉPUBLIQUE

Paris, le **23 décembre 2002**

Mon cher Antoine,

J'ai bien reçu ta lettre par laquelle tu m'as fait part de tes suggestions pour renforcer le partenariat franco-allemand, en particulier au sein du Conseil de Sécurité des Nations Unies.

Comme tu le sais, l'Allemagne et la France célébreront les 22 et 23 janvier prochains, à Paris et à Berlin, le 40ème anniversaire du Traité de l'Elysée. Ce sera là l'occasion de donner un nouveau souffle à une relation dont le rôle a toujours été décisif dans les grandes étapes historiques franchies par l'Europe.

En te remerciant très sincèrement des vœux formulés à l'occasion de mon anniversaire, je te prie d'agréer, mon cher Antoine, mes sentiments de bien fidèle et cordiale amitié.

Affection à partager avec Simone,

Jacques CHIRAC

Monsieur Antoine VEIL

Annexe III. Déclaration d'Alain Poher

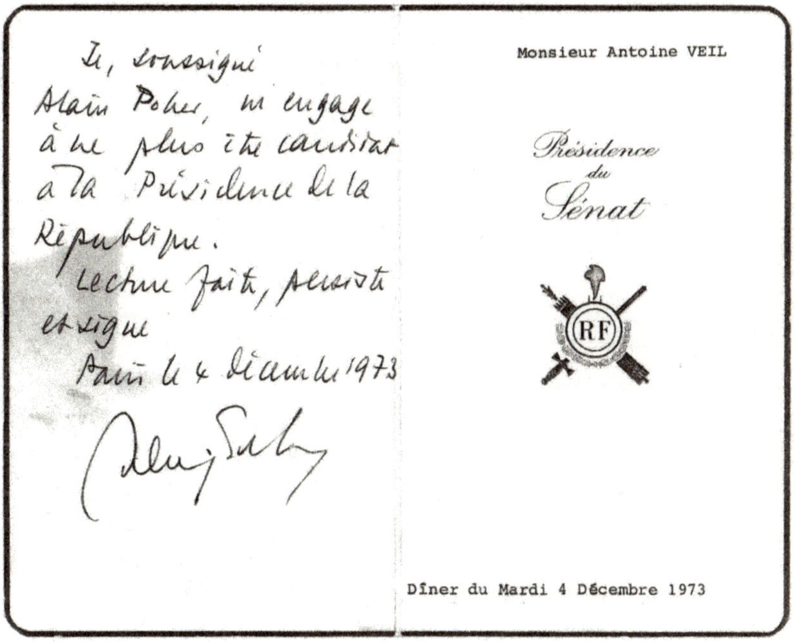

Je, soussigné
Alain Poher, m'engage
à ne plus être candidat
à la Présidence de la
République.
Lecture faite, persiste
et signe
Paris le 4 décembre 1973

Monsieur Antoine VEIL

Présidence
du
Sénat

RF

Dîner du Mardi 4 Décembre 1973

Annexe IV. Article sur François Bayrou

Le strabisme entre gauche et droite serait désastreux

La démarche personnelle du candidat de l'UDF conduit à une dangereuse ambiguïté

Le succès de François Bayrou dans les sondages m'invite à sortir du silence. Etant l'un des rares survivants de la petite équipe qui, autour de Jean Lecanuet, Joseph Fontanet, Jacques Duhamel, René Pleven, Bernard Stasi, créa le Centre démocrate, dans l'été 1962, pour nous démarquer d'un gaullisme encore imprégné de souverainisme, et dont nous redoutions qu'il casse les reins à l'élan de la construction européenne, je devrais me réjouir de cette percée. Tout au contraire, j'en suis angoissé, et voici pourquoi.

A tous ceux qui – déçus du bilan de Jacques Chirac, ou stupéfaits que le socialisme français n'ait pas encore effectué l'aggiornamento que les Allemands ont réussi dès 1949 et les Britanniques voilà plus de dix ans – se rejoignent dans l'intention de voter François Bayrou, il faut d'urgence signaler qu'ils vont vers une impasse.

C'est le même sentiment qui, en 1969, me poussait à dissuader Alain Poher, dont j'avais été le collaborateur et dont j'étais l'ami, de se présenter à la succession du Général. Il pouvait être élu. Il n'aurait pas pu gouverner, faute de majorité. En 1974, Valéry Giscard d'Estaing échappa à ce danger de blocage en obtenant, grâce à Jacques Chirac, le soutien des gaullistes. Sa démarche était dépourvue d'ambiguïté.

Aujourd'hui, l'élection d'un candidat qui cultive le strabisme entre la gauche et la droite serait désastreuse. Laissons de côté les aspects personnels de quelqu'un chez qui le culte de l'ego n'est pas absent

Antoine Veil

Président du Club Vauban
et d'AV Consultant

et dont les performances au ministère de l'éducation s'arrêtent à une délégation de pouvoir aux syndicats. Quelques réserves qu'inspire légitimement notre « système » institutionnel et électoral, personne ne peut ignorer que derrière l'élection présidentielle se profile une élection législative, dont le mode de scrutin ne se prête pas à transcender le clivage entre la gauche et la droite, et donc à dégager la majorité nécessaire à François Bayrou.

Une fausse bonne idée

Dès lors, les institutions, dans les textes et dans la pratique, interdisent de voir autre chose dans la démarche personnelle du candidat qu'une fausse bonne idée, une sorte de Canada Dry. Prenons-y garde. Le signataire de ces lignes n'a cessé depuis vingt-cinq ans, à travers les activités du Club Vauban, de lutter pour que le bipolarisme de notre échiquier politique ne fasse pas perdre de vue les convergences entre sociaux-démocrates et socio-libéraux.

Pour autant, le « système » institutionnel et électoral qui est le nôtre interdit de penser qu'on puisse imaginer une majorité stable qui transcende la ligne de partage. Je me crois donc astreint à le dire à haute voix : attention, danger. François Bayrou, ce n'est pas le changement, c'est l'impasse. ■

Le Monde. 22 mars 2007

Annexe V. Article d'Eric Le Boucher

2 **Le Monde** Dimanche 7 - Lundi 8 janvier 2007

Le droit au sérieux opposable

Chronique

Économie Eric Le Boucher

Jusqu'au bout, Jacques Chirac aura multiplié les « droits à ». Le président des aides, des subventions, des crédits, des principes de précaution, des garanties, des assurances et, maintenant, des droits « opposables », laissera la trace d'un gigantesque distributeur de billets. Et aussi de celui qui a fait passer la dette de l'Etat de 58 % du PIB en 2002 à 66,6 % en fin de parcours. La maison Chirac panse les fractures sociales à crédit.

L'affaire des sans-domicile-fixe est du pur chiraquisme. Voilà un président qui dit, pour les vœux, une allocution télévisée d'une réelle haute tenue. Il décrit justement un monde en « changements considérables » : la mondialisation, la concurrence « *de plus en plus vive* » (la Chine et l'Inde), la révolution Internet, le climat, le terrorisme. Et il fixe cinq enjeux : les valeurs de la République, le progrès économique, le rôle de la France, l'Europe, l'environnement. Qui n'y souscrirait pas ? Bravo !

Et puis, dès le lendemain, la priorité est toute nouvelle : toutes affaires cessantes, il faut loger les SDF. Pourquoi ? On ne sait. Est-ce la pression des associations militantes relayées par les « 20 Heures » ? Une petite manœuvre contre Nicolas Sarkozy qui a mis cette mesure du droit opposable à son programme ? En tout cas, les grands enjeux sont oubliés et le social compassionnel a repris le dessus, comme à chaque occasion depuis 1995.

Que la France du logement social soit en échec, voilà qui est avéré. L'abbé Pierre aura beau y avoir consacré sa vie, il y a cinquante ans que cela dure. Le problème de fond aujourd'hui est que la France manque de 600 000 logements. Et que donc, pour simplifier, dans l'échelle des prix, chacun habite le logement d'en dessous, ceux du 8ᵉ au 7ᵉ, et ainsi de suite, et ceux du 1ᵉʳ qui attendent une HLM, expulsent les plus démunis du rez-de-chaussée dans la rue. Impéritie des gouvernements (surtout en l'occurrence de la gauche, qui déteste le BTP), électoralisme des élus, malthusianisme de tous, rentabilité trop faible des loyers (jusqu'aux dernières hausses), le diagnostic mériterait d'être mis au net. Mais M. Chirac n'a pas le temps d'attendre. Son gouvernement propose à la va-vite un système typiquement français : un droit (un de plus donc) si complexe que personne ne voit vraiment comment il va s'appliquer et qui, en tout état de cause, n'entrera pas en vigueur avant... plusieurs années.

Si on peut formuler un vœu en ce début d'année, c'est que l'élection mette un terme final à ce chiraquisme compassionnel. S'il est un seul droit opposable qu'il faut faire voter d'urgence en France, c'est celui de sérieux.

Le monde vit, en effet, « *des changements considérables* ». Le modèle social français, qui date de l'après-guerre, prend eau de toutes parts. Depuis vingt ans, la classe politique se porte « à l'écoute » des flots de plaintes venues des catégories qui souffrent, les salariés dont les usines ferment, les sans-emploi, les sans-logis... et promet d'accorder de nouveaux droits et de verser des nouvelles subventions à tous, sous le regard des caméras de télévision. Le « sérieux » serait d'avoir enfin le courage d'expliquer que la France n'a plus les moyens et que, de toute façon, la subventionnite n'a rien résolu depuis vingt ans et qu'il est temps de prendre autrement les problèmes. Il faut une meilleure croissance et une refonte complète du fonctionnement de l'Etat.

Meilleure croissance ? L'économiste Eric Chaney, de Morgan Stanley, a calculé que la part de la France dans les exportations globales de la zone euro a reculé depuis 1999 de 16 %, quand celle de l'Allemagne a crû de 11 %, celle de l'Espagne de 2 % et celle de l'Italie a baissé de 1 %. Ces chiffres devraient tirer la sonnette d'alarme sur l'état réel de la compétitivité de l'économie nationale. Voilà le problème le plus « sérieux » de la France. Et Eric Chaney d'implorer les candidats de ne pas céder au « *populisme* », qui reviendrait à « *laisser penser aux Français que le gouvernement a le pouvoir d'isoler la France de la mondialisation* » en renforçant le protectionnisme.

Le fonctionnement de l'Etat ? Le rapport sur « *l'économie de l'immatériel* » remis au ministre des finances par Jean-Pierre Jouyet et Maurice Lévy souligne l'ampleur de la révolution nécessaire. « *La capacité à innover, à créer des concepts et à produire des idées est devenue l'avantage compétitif essentiel.* » « *Formation, recherche, innovation : c'est sur ces critères que seront de plus en plus classées les nations. Et c'est sur ces trois critères que notre économie présente des faiblesses importantes et durables.* » Y remédier, poursuivent les auteurs, impose d'augmenter « *sérieusement* » les moyens de l'enseignement et d'en changer les structures, de « *rénover en profondeur* » l'organisation de la recherche et de « *bousculer* » notre système fiscal parce qu'il pénalise les innovations (puisse Mᵐᵉ Royal lire ce rapport de Jean-Pierre Jouyet, chef du service de l'inspection des finances et, par ailleurs, son conseiller !).

Plus globalement, « *nous devons nous défaire du réflexe qui consiste à favoriser les situations acquises* ». Ce sont les mots qui doivent changer : la France se perd à vouloir « protéger », à accorder « des droits à », des « avantages », des « aides ». Elle doit faire siens les mots « innovation », « incitation », « changement », « ouverture ». Bref, mettre enfin le pays dans le mouvement rapide de la mondialisation, comme dirait Chirac. ■

Annexe VI. 1er prix d'instruction religieuse

LYCÉE HENRI POINCARÉ
NANCY

Distribution des Prix

JUILLET 1938

Classe de 5e 1

1er Prix de Instruction religieuse mérité par l'Élève Antoine Veil

I. N. — N° 43 — 436-s.

Annexe VII. Le Club Vauban

PRÉFACE

PAR ANTOINE VEIL,
président du Club Vauban.

Le Club Vauban est une coopérative de réflexion, constituée depuis neuf ans entre des personnalités politiques qui au-delà de leur appartenance à telle ou telle formation, à tel ou tel parti, se sont cooptées parce qu'elles se perçoivent en consensus sur les principaux problèmes qui interpellent la société française. Ce n'est pas facile : dans le cadre de la bipolarisation rigide qui résulte de nos institutions et de notre système électoral, la moitié des membres du Club Vauban sont électoralement prisonniers de la droite, l'autre moitié électoralement captifs de la gauche. On peut se poser légitimement la question de savoir si, à partir de cette coopérative de réflexion – non pas clandestine mais discrète –, le Club Vauban peut devenir un jour une coopérative d'action politique, c'est-à-dire l'esquisse d'une formation nouvelle fondée sur un pacte politique nouveau. Je ne fais pour ce qui me concerne que poser une question à laquelle seul l'avenir et la collectivité d'entre nous pourront répondre. Je dis bien la collectivité, et c'est une des caractéristiques du Club Vauban, car nous avons choisi une démarche collective, pensant qu'en dépit de la période médiatique que nous vivons, les démarches collectives sont préférables aux démarches individuelles.

Nous ressentons les uns et les autres que la société politique française est souffrante. Il y a bien longtemps que, parmi nous, un certain nombre de voix s'accordent à dénoncer le blocage, la paralysie du système. Dans les dernières années, il est vrai que le discrédit de la classe politique s'est amplifié dans l'opinion. Aujourd'hui, la dénonciation de cette situation, dans une atmosphère mélancolique, est générale. Aussi, les actes du colloque tenu à l'Assemblée nationale le 24 octobre 1991, qu'on pourra lire ici, ont-ils conservé toute leur actualité. Puissent les analyses, propositions et débats rassemblés dans cet ouvrage, aider à mieux comprendre la crise de la société politique et marquer l'urgence d'une rénovation de la démocratie française.

Table des matieres

Cet ouvrage a été imprimé
en novembre 2010 par

CPI
FIRMIN-DIDOT

27650 Mesnil-sur-l'Estrée

N° d'impression : 102387
Dépôt légal : novembre 2010

Imprimé en France